云南师范大学学术精品文库资助出版
云南师范大学教材建设基金资助出版

扶贫记忆

上河东村艺术乡建民族志

杨江波 著

中国社会科学出版社

图书在版编目（CIP）数据

扶贫记忆：上河东村艺术乡建民族志／杨江波著 . —北京：中国社会科学出版社，2024.1
ISBN 978-7-5227-2318-1

Ⅰ.①扶⋯ Ⅱ.①杨⋯ Ⅲ.①农村—扶贫—研究—梁河县 Ⅳ.①F323.8

中国国家版本馆 CIP 数据核字（2023）第 146866 号

出 版 人	赵剑英
责任编辑	王莎莎
责任校对	张爱华
责任印制	张雪娇
出　　版	中国社会科学出版社
社　　址	北京鼓楼西大街甲 158 号
邮　　编	100720
网　　址	http://www.csspw.cn
发 行 部	010-84083685
门 市 部	010-84029450
经　　销	新华书店及其他书店
印　　刷	北京君升印刷有限公司
装　　订	廊坊市广阳区广增装订厂
版　　次	2024 年 1 月第 1 版
印　　次	2024 年 1 月第 1 次印刷
开　　本	710×1000　1/16
印　　张	15.75
插　　页	2
字　　数	264 千字
定　　价	98.00 元

凡购买中国社会科学出版社图书，如有质量问题请与本社营销中心联系调换
电话：010-84083683
版权所有　侵权必究

目 录

序 言 ·· 1
  让青春之花在大山深处绽放
    ——一位知识分子的扶贫实践 ·················· 1

导 言 ·· 1

第一章　绪论 ··· 1
  第一节　研究缘起 ································ 1
  第二节　相关研究和实践 ························ 10

第二章　上河东镜像 ·································· 15
  第一节　旁观与亲历：驻村缘分与田野调查 ········ 17
  第二节　记忆与故事：村庄历史 ·················· 19
  第三节　重视与淡化：村庄的文化教育状况 ········ 21
  第四节　集体经济与个人收入：村庄所处地缘经济及谋生手段 ······· 26

第三章　上河东乡土 ·································· 35
  第一节　民族节日 ································ 35
  第二节　家谱与祭祀 ······························ 44
  第三节　自然 ···································· 49
  第四节　乡愁 ···································· 56
  第五节　民族村组 ································ 65
  第六节　村经济 ·································· 67
  第七节　驻村生活 ································ 72

第四章　上河东艺术乡建 ·························· 78
 第一节　书院 ······································· 79
 第二节　乡村美育馆 ································ 82
 第三节　中草药文化陈列馆 ························ 85
 第四节　古井景观改造 ····························· 88
 第五节　村史乡贤馆 ································ 95
 第六节　乡村文化培训班与志愿者协会 ············ 97

第五章　绘本里的上河东民族志 ···················· 102
 第一节　乡村调研速写绘本 ······················· 103
 第二节　草药实地研究绘本 ······················· 120
 第三节　乡村调研水墨绘本 ······················· 136

第六章　诗歌里的上河东民族志 ···················· 155
 第一节　散文诗 ···································· 156
 第二节　格律诗 ···································· 163

第七章　艺术乡建与乡村振兴 ······················ 185
 第一节　艺术乡建书院模式赋能乡村振兴 ········ 186
 第二节　从艺术乡建看乡村振兴的文化力量 ······ 191
 第三节　从乡村振兴看艺术乡建的话语构建 ······ 193
 第四节　从艺术乡建和乡村振兴的互动来看乡村 ·· 196

结　语 ·· 200

附　录 ·· 204
 附录一　云师大云岫书院工作报告 ··············· 204
 附录二　腾冲和顺古镇文化访谈 ·················· 209
 附录三　有关乡村公益事业持续性策略访谈 ······ 211
 附录四　上河东艺术乡建实践对外影响与持续 ···· 214

参考文献 ··· 235

后　记 ·· 238

序　言

让青春之花在大山深处绽放
——一位知识分子的扶贫实践

（王永健　中国艺术研究院）

2020年是中国脱贫攻坚战的收官之年，这标志着自改革开放以来国家持续40年之久的扶贫工作画上了圆满的句号，中国已全面建成小康社会。2021年2月16日出版的《求是》杂志发表了一篇署名为"中共国家乡村振兴局党组"的文章，标题为"人类减贫史上的伟大奇迹"，引发社会舆论的广泛关注。国家乡村振兴局的成立，正式替代了国家扶贫办公室，说明伴随着全面脱贫今后将在很长一段时间内，乡村振兴将成为农村问题的关键词，即让乡村的经济、文化生态得到修复和重新复兴。在脱贫攻坚的背景下，各个省份都开展了形式各异但目标趋同的干部驻村扶贫计划。很多机关企事业单位均派出得力人选赴村开展为期两年的驻留计划。杨江波博士便是作为云南师范大学选派的优秀代表，赴德宏傣族景颇族自治州做了两年的扶贫驻留工作。

我与江波是博士期间的同班同学，在读书期间我们的宿舍相邻，经常聚在一起讨论问题。他是一位非常勤奋的人，每天坚持读书、背诗、练字、画画。毕业后又进入中国社会科学院博士后流动站进行科研工作，在这期间，他在北京密云的一个山村里创办了云岫山房，在这里进行两年的艺术创作和论文写作。恰逢中国艺术人类学会此时在北戴河召开艺术论坛讨论艺术介入城乡建设，促进乡土文化内涵提升的问题，江波博士可谓是同步实践者。后来他去了云南工作，入职不到半年，就被选拔到驻村扶贫的队伍里，并作为云南师范大学对口帮扶德宏州上河东村工作队成员之一奔赴当地驻村扶贫。上河东村地处中缅边境的山区地带，交通不便，自然资源匮乏，属于重度贫困地区。扶贫工作并非易事，既需要熟悉国家扶贫政策，又要密切与村民打交道，得到他们的认可与支持。说来简单，实际操作起来却困难重重。对于地处偏远的大山深处上河东村的村民而言，打破固有的小农生活方式和保守的观念并非易事，大家都想脱贫，但劳动力文化素质普遍不高的现状严重制约了当地的发展。

在杨江波博士两年的驻村工作期间，他在繁忙的日常行政工作之外又帮村里做了很多有关文化教育帮扶的事，其一，他发起成立了一座书院——云岫书院，并从全国募捐了大量的图书，并以此平台进行乡村美育、文化培训和乡土文化整理工作。如今，书院已成为村民茶余饭后的一个好去处，既可以去查阅跟农业种植有关的资料，也可以来此读读小说，看看散文。村里的小学生们也有了举办课外学习活动的地方。书院的建成，使村落的文化气息得到了提升。其二，他帮助村子建成了一座小型的中药材文化陈列馆，该村有丰富的野生草药资源和种植中药材的历史，传承至今也积淀了丰富的乡土文化。江波看到了中药材在当地人心目中的重要地位和价值，多方请教中药材领域的专业人士，并赴国内一些中药材博物馆进行实地考察学习，回村后建成了这座中药材文化陈列馆。他本身是美术学专业出身，利用自身的专业优势，并主动向当地的农民请教关于药材的知识，遍查当地种植的草药实物，手绘了60余幅草药写生图卷，为了宣传所驻村的草药文化，这批画卷已无偿捐赠给楚雄州高等医专永久陈列展示。据村民介绍，这批草药图卷是该村第一批手绘图卷，看到了自己多年种植的中草药由专业画家绘成图卷，心里认同与兴奋之情溢于言表。我想这批手绘草药图卷定会成为该村中草药种植历史上的重要图谱资料。其三，他主持设计打造了古井乡愁文化景观，具有艺术气息的古井景观已成为培养村民感恩和勤劳美德的乡土课堂。可以说，文化环境的营造在提升群众脱贫内生动力方面具有重要的作用。

江波博士所做之事并非突发奇想，而是经过认真的田野调查后而为之。田野调查是人类学的一个专属名词，是人类学最为重要的研究方法。早期，很多人类学家前往遥远的异域社会调查原始土著部落，参与部落生活，观察部落中的仪式、节日，以及部落人的行为、习惯、信仰等方面，产生了一批颇具影响力的民族志文本。可以说，人类学家所呈现出来的民族志文本是在长时间的田野调查的基础上写作完成的，其可靠性和重要价值可想而知。人类学传入中国后对人文社会科学领域的研究产生了重要的影响。如费孝通的《江村经济》，便是对江苏吴江开弦弓村一个村落的历史、文化、农业、副业、经济生活、仪式、信仰等进行系统研究的个案。该著作在国内外产生了广泛的影响，被人类学泰斗英国著名人类学家马林诺夫斯基先生称为人类学历史上的一个里程碑。江波博士到了村子之后，先是普遍走访，熟识村民，调查村子的历史与文化、传统产业模式、村民的年龄结构、家庭经济状况、村民的文化生活等。在此基础上，写就了一系列的扶贫工作记录、研究文章，此外，还包括诗歌散文创作和绘画创作。有了这些全面和立体的认知，他提出了以文化与产业复兴协同并进的发展思路，帮助复兴村落的传统文化，通过打造上河东文化名片来宣传和提升本村产业的发展，云岫书院、界端古井文化景观和中药材文化陈列馆的建立便是他在研究基础上结出的硕果。

受儒家经典影响的中国传统文人，其抱负在于修身、齐家、治国、平天下，成就崇高德性和人格，怎样成为经国济世的人才。而在现代社会发展中，对于知识分子的印象大多是躲于书斋独成一统，只读圣贤书。我想这大概有些偏见，也不符合社会发展的现实。而今有越来越多的知识分子走出书斋，到现实的社会生活中去研究老百姓的日常生活，关注社会发展的动态，并通过自己的研究为社会发展赋能。习近平总书记2017年3月4日在看望参加全国政协十二届五次会议的民进、农工党、九三学社委员时曾讲道："希望我国广大知识分子积极投身创新发展实践，想国家之所想、急国家之所急，紧紧围绕经济竞争力的核心关键、社会发展的瓶颈制约、国家安全的重大挑战，不断增加知识积累，不断强化创新意识，不断提升创新能力，不断攀登创新高峰。"总书记的讲话对知识分子干事创业和努力方向提出了要求，我想这是我们知识分子今后很长一段时间重要的思想指引。

江波博士驻村期间，经常与我通过网络视频电话探讨问题，分享扶贫生活与感受。通过视频电话，可以看到他住的宿舍很是简陋，房子低矮阴暗，床上悬挂着蚊帐，可以想见生活条件之艰苦。但是，在通话中他与我交流的都是扶贫中的收获与体验，从没有一句话抱怨生活条件艰苦，足可见他不怕吃苦、务实肯干的精神。读完江波博士的书稿，被他的文字带入了那段扶贫时光中的火热奋斗场景，我的内心久久无法平静。如何才能让青春绽放光彩？

我想江波博士践行了新时期一位知识分子对于扶贫工作的理想与信念。驻村扶贫工作虽然结束了，但是江波博士的文化扶贫成果留了下来，相信它将成为上河东村重要的文化和产业资源，为当地的乡村振兴贡献力量，同时我也知道，江波博士在此后的学术生涯里也将会持续关注此地乡村文化的发展策略，我们期待上河东村的明天越来越好。

导　言

　　我出生于工人家庭,但幼年曾在乡村读过半年书,三个年级学生共用一间学堂的记忆尤在,晚上点着煤油灯写作业打瞌睡时被烧着头发的场面,也常常被我当成笑谈。我喜欢在树林里用竹耙收草烧火,为此还逃过课。每到傍晚,随着袅袅炊烟的升起,整个村庄都沉浸在宁静与祥和的氛围里。之后随着父亲工作调动而转学几次,因此小学和中学阶段基本上我都在乡镇就读,可以说对于乡村生活还算熟悉。从艺术家的审美情感来讲,乡村是儿时的记忆,是田园的乡愁,也是诗意的栖居。

　　大学毕业后,我来到了山东一所高校教书,学校给青年教师配备了较为舒适的公寓,但我还是在周边村子里租了民房来生活和创作。农村生活条件彼时较为艰苦,冬天的时候很冷,如果恰巧停了电,我和衣而卧也是被冻得瑟瑟发抖,但居住空间毕竟宽敞了很多。我也会苦中作乐,比如买了草编席子把地面铺满,也会在周末的时候炒几个菜邀请同事来促膝言欢,结婚后就搬到了学校里的单元楼。出于艺术创作的需要,我又在城中村唐庄租了画室住了两年,随后又搬到了郊外自然环境好一些的土城村。土城村里还住着两位画油画的画家,闲暇时间自然可以多一些学术交流,少一些寂寞,我也可以随时踱步到田间地头嗅一下大自然四季的气息。

　　到北京读博士是我学术生涯一个重要的转折点,北京人文荟萃,重要的学者都汇聚于此,国内外文化也交流频繁。我如饥似渴地吮吸着这些养料,对于我所研究的传统文化审美领域进行专注钻研,对于现代文化也进行了广泛接触。应该说,这是北京博大包容的文化格局对我产生的深刻影响。博士三年的学习经历只是学术生涯的起点,做完博士论文之后,总觉得中国古典文化博大精深,在求学之路上还意犹未尽,于是便进入中国社会科学院进行文人画与禅宗思想关系性专题研究。文人画有哲性审美特征,它和中国文化的演变发展相融而进，一个优秀的文人画家必定是诗人、文学家、书法家，也必然是位思想家。所以，艺术家要感悟自然，要"略通古今之变"，通过兴发感动，进而"在心为志，发言为诗"。而且，历代优秀文人画家在感悟自然上并不是一味地作学舌之态，总是"外师造化，中得心源"，在大自然里感悟和涵养生命的本真从而升华自身品格。

随着我在北京这样的现代国际大都市生活日久，对于工业文明的弊端也会生发出一些疑惑，对于亲近大自然又重新萌发出一种向往，另外，也想"以古人之心体妍古人"，在一个更为直接的环境里体会传统审美内涵。所谓因缘际会，在站博后的研究工作时间较为自由，京郊的房租也较为低廉。我选择了距离京城一百多公里的密云区北庄镇朱家湾村的一处老房进行改造，用了近一年的时间才把这所老房改造完毕。在这里，我和邻居老农学习种菜、烧炕、腌咸菜，同时也在撰写博士后出站报告和进行乡村绘画创作，写作疲惫的时候就开车赏红叶、寻冰川，约上好友在野长城上饮茶傲啸。

两年后，与乡村的缘分从北方延伸到了西南边疆。我怀揣着研究担当艺文的学术理想来到云南师范大学工作，半年后被派遣到了梁河县上河东村进行驻村扶贫工作，为期也是两年。梁河县的乡村和北方不同，这里民族风情浓郁，生态环境优美，但经济发展还较为缓慢，人们观念保守，文化环境也亟需提升。乡村本是传统文化的发轫地和聚留地，在工业文明昌盛的今天，所谓"物极必反"，它的衰落则预示着新的振兴。手工业和传统民俗等非物质文化遗产在机器大工业的今天愈发显现出它的珍贵性，"生态中国"理念引领的乡村发展思路也被专家频频提上案头。我驻村两年来，恰逢精准扶贫工作收官的关键时期，行政事务繁忙自不消说，在生活上也要过三关：老鼠关、语言关、填表关，但如何利用我自己的专业优势和云师大深厚的人文底蕴为乡村发展做出贡献也是我一直在考虑的事情。中国目前已到了文化自信和自觉的历史阶段，乡村的发展其实也需要文化自信和自觉。因此，我利用空余时间进行地域文化考察，在学校支持下多方联系帮扶资源成立了"云岫书院"，并计划以书院为平台进行乡村文化环境提升打造。书院工作紧密联系精准扶贫主题，着力于上河东文化名片的打造，把外来优秀文化与本地优秀乡土文化相融合，从而打破和融合本地固有的传统思维，可以起到转变"贫穷文化"的效果，进而提升其内生发展动力。

我驻村期间利用业余时间结合工作实践共积累了几部分的内容：一是驻

村散文。日记的记录内容虽然是完整的，但缺少一种灵性的表达，散文可以趣味性地展现乡村之美。二是散文诗。散文诗介于散文和诗之间，且无格律限制，在发现美和表达美这一层面有其优势。三是近体诗。格律诗的创作是"戴着镣铐跳舞"，是在规则里体现自由，有古风之美。四是中药材写生。上河东本地野生药材大约有两百种，我们收集的药材实物标本还远远不够，于是用画笔展现的方式对于传播本地中药材文化有很大的用处。

这些内容被我按照一定的逻辑思路重新组合成了学术论著，在文中既有田野调查，亦有学术思考，也附有绘画作品以展现图像学里的民族志，这些内容虽然体裁不一，但扶贫主题并不散，展现的是我作为一名高校知识分子驻村的帮扶思路、情怀和艺术人类学学术思考。

中国著名人类学家费孝通先生在《芳草茵茵——费孝通自选田野笔记》序言中说："实质上我并不打算划清学术和生活的界线。所以早年用田野调查的方法写成一些被认为是学术性的论文，实际上在我自己还认为是一种田野调查笔记罢了。反过来说，我在第二次学术生命里所写下的'走一趟，写一篇'的《行行重行行》一类的大小散文性的文章，也可以说是学术论文的一种表达方式"。[①] 如此看来，本书中内容也算是我"走一趟，写一篇"的田野学术论文，也反映了我的人生信念。也希望大家多关注我们美丽的云南边疆乡村——上河东村的发展，并提出宝贵意见。

[①] 费孝通：《费孝通自选田野笔记》，商务印书馆2017年版，第2页。

第一章 绪论

第一节 研究缘起

一 研究背景

（一）人类学和社会学视野下有关乡村研究的不断追求

人类学的研究对象开始仅限于人体的测量和解剖，后来转向部落语言、行为和历史等方面文化，20世纪30年代前后"参与观察法撰写民族志"成为人类学革命性的创建，人类学的研究方法主要有：整体观、文化相对论和跨文化比较，它的特色在于"田野工作"。就如著名社会学家费孝通所言："人类学和社会学不能离开对人们实际生活的观察。田野调查是从实求知的根本方法。"[①] 为此，我阅读了哈里·F.沃尔科特（Harry F. Wolcott）所著的《田野工作的艺术》、英国牛津大学博士奈吉尔·巴利（Nigel Barley）撰写的《天真的人类学家》等艺术人类学名著，并做了读书笔记。《在中国做田野调查》这本书是由玛丽亚·海默（Maria Heimer）主编的一本著作，本书的宗旨：一是为刚刚开始接触中国问题研究的学生和学者提供一个框架以供参考；二是在中国进行田野调查的学者之间田野调查方法会如何影响我们对中国的理解，对这些问题展开一次公开的讨论。这本书有助于我在田野调查方面开拓思维、打开思路。《超越正式的与官方的中文表达：语言的编码与战略》的文中以一个外国学者的角度阐释中国的两种语言编码体系：干部语言和百姓语言。篇末作者总结时认为：如果我们想超越"官方的或正式的中国"，那么

[①] 费孝通：《费孝通自选田野笔记》，商务印书馆2017年版，第1页。

我们就必须尝试着穿透官方的或正式的中文话语体系来观察中国；也还得尝试，透过官员和媒体语言中所反映的有关社会显示的句子来观察中国。

中国乡村人类学的研究大多起源于20世纪初，如美籍教授狄德莫（CG-Dittmer）带领学生调查北京居民的生活费用，美国人葛学溥（Daniel Harrison Kulp）通过调查出版著作《华南农村生活》，后来又有外国学者出版《中国农村经济研究》《中国农场经济》等，中国学者在延续西方学术思路的基础上又融合地方志的结构和格式进行写作，出版有《北平郊外之乡村家庭》《定县社会概况调查》等著作。30年代以后，以马克思主义为指导调查农村经济，研究中国农村贫困的根源及其性质，晏阳初则进行平民教育和乡村改革方面的实践。著名社会学家吴文藻则倡导"社会学要中国化"，并把"社区研究法"和"社会人类学"融为一体，逐渐成为燕京大学青年学生的主要思想。抗日战争爆发后，为救亡图存，学界广兴调查之风。此时，费孝通、张之毅、田汝康等学者成就甚剧，其中费孝通在《江村经济》著作中把人类学研究方法移植到社会学的研究之中，林耀华用功能主义理论撰写了《从人类学观点考察中国宗族乡村》。"文化大革命"期间，社会学研究一度被停顿，80年代以后，社会学迎来了发展的春天，如中华书局出版了《华北的小农经济与社会变迁》，上海人民出版社出版了《礼物的流动——一个中国村庄中的互惠原则与社会网络》，三联书店出版了《林村的故事——1949年后的中国农村变革》等。90年代以后随着经济的发展，现代化的农村成为社会学家和人类学家重要的研究对象，通过调查研究来反思城市化、工业化进程中的一些问题，这些学术成果也成为政府行政施策时重要的智库资源。

（二）人类学研究中艺术人类学发展的促动

关于艺术人类学，王建民在《艺术人类学译丛总序》中说："它是运用人类学理论和方法，对人类社会的艺术现象、学术活动、艺术作品进行分析解释的学科。"20世纪80年代，中国社会科学院靳大成翻译了英国罗伯特·莱顿（Robert Layton）教授的《艺术人类学》，将艺术人类学的概念引入中国，从此，艺术人类学进入到中国学者的视野之中。90年代英国人类学教授罗伯特·莱顿和中国学者易中天皆著有《艺术人类学》一书，但易中天只是借用文化人类学的方法来阐述美学。此后，80年代"美学热"带动着研究"原始艺术"出现文化热潮，但这时"将其归为艺术人类学研究主要是从他们使用的大量人类学和民族志材料层面而言。但是从方法论层面来说，这些研究并没有实际意义上的亲历田野工作过程，只能说是案头田野工作，其知识生产方式是从文本到文本，并非学科规范意义上的艺术人类学研究。"[①] 90年代中期以后，学者开始注重田野调查，相关课题纷纷申报，有些高校和科研机构也设立了相关课程和专业。在学风蔚然，时机渐熟的情况下，2006年12月中国艺术研究院成立了中国艺术人类学学会，方李莉研究员是首届会长，作为费孝通的学生，她秉承着老师"文化自觉"的理念，努力打通不同学科的壁垒，在跨学科的学术互动中反思和总结现实社会变迁的内在动因，为艺术人类学的发展做出了重要贡献。

要学术性地深刻挖掘出乡村文化，艺术人类学是一个重要的学术手段。我驻村期间恰逢中国艺术人类学学会年会在云南艺术学院举办，到会学者专家大约有三百位，皆进行了分会场主题发言。我听了《民族传统工艺研究的视域拓展：语境、文化与手工艺人》《后工业社会城市艺术区的景观消费——景德镇陶溪川个案》《彝族撒尼刺绣纹样的森林文化表达》等几个发言，收获很大，也给我在梁河文化扶贫上提供了一些思路和启发。

（三）全球化背景下生态价值观中国经验的讲述

2017年习近平总书记在党的十九大报告中强调"人与自然和谐共生"是基本国策，在经济发展的同时不忘保护环境，这是绿色发展模式。

当下经济全球一体化，工业文明给人类带来物质丰富的同时，生态环境也由于盲目开发而逐渐恶化，如全球变暖、能源储藏日趋短缺、粮食危机、大量物种灭绝、垃圾污染、核战争威胁等。这些危机成为悬在人类头上的利刃，那么如何化解这些工业文明的弊端呢？

方李莉撰写了一篇文章《中国乡村振兴的方向：从乡土中国迈向生态中国》，在文中方老师认为传统工业文明已进入一个瓶颈，破除这个瓶颈的方法就是发展生态文明。现代乡村经济中的手工技艺可以和智能高科技结合以发展新的生产方式。我对此深受启发，中国还保留着完整的农耕文明，这些具有农业文明的基因会在新时代下被重新创造性地激活，进而为世界文明的发展做出自己的贡献。

[①] 王永健：《走进艺术人类学》，北京时代华文书局2018年版，第6页。

手工技艺的复兴有其社会发展的缘起，我们共产党领导下的人民政府关注民生，"所谓民生，是指民众的基本生存和生活状态，以及民众的基本发展机会、基本发展能力和基本权益保护的状况。也可以说，民生就是与实现民众的生存权利和发展权利有关的全部需求。所谓改善民生，就是促进民众的就业，增加民众的收入，增进民众的福祉，让民众有幸福感和获得感。"[①]党的十九大报告提到"当前世界正面临着前所未有之大变局"，在这个大变局情势中，中国崛起的势头在世界舞台上势不可当。目前，西方工业文明的发展遇到了自身不易解决的瓶颈，所谓"物极必反"，工业文明的进一步发展必然是生态文明，手工艺作为生态文明的基础会在当下发挥出重要作用。中国的崛起必然要逐渐引领世界走向生态文明的发展模式，乡村的手工艺制作，在材料上取自自然草木，在审美上则体现出人与自然的和谐。若从阴阳而论，城市属阳，乡村属阴，"万物负阴而抱阳，冲气以为和"，阴阳互动才能生生不息。

方李莉在谈到"中国式文艺复兴"与"生态中国的来临"这两个问题时，认为"社会的巨大转型"容易产生文艺上的复兴现象。

"中国式文艺复兴"迎合着"文化自信自觉"和"传统文化复兴"这两个时代主题，传统文化的现代价值此时被重新发现并进行现代转化，互联网在信息传播方面的便捷性又催生了这种可能，如网红李子柒的短视频不但风靡全国，在国外视频网站的账号上也拥有千万粉丝。乡村作为中国农耕文明的发轫地和存留地，其全面振兴会给世界提供生态发展的中国经验，也为我们国家实现"中国梦"进行文化赋能。

二 本书研究的基础

作为外乡来的扶贫队员如仅仅了解本村的民情还是远远不够的，也要深入了解这个地区的整体情况，因为任何事情都不是独立存在的，都和外界有着千丝万缕的联系。我驻村以来利用工作两周休息两天的机会，开车考察了很多周边的地方，如盈江县的诗蜜娃底傈僳族聚居地和那邦口岸，腾冲猴桥口岸和和顺古镇，另外还去了瑞丽、德宏等地方。考察这些地方加深了我对于德宏文化的整体了解，从而对于我创建云岫书院和对于加深它的功能有了

[①] 杭静、周建文编著：《困有所助：农村减贫》，中国民主法制出版社2016年版，序言。

进一步的思路。在考察这些地方的过程中，我还注意搜集民族工艺品和一些古木奇石，这更增加了意外的收获。

（一）关于艺术乡建的构思与想法

1. 本县田野调查

要了解上河东，就不能不深入了解梁河县的文化历史，相关调研略举如下：

我到县图书馆来拜访杨馆长。图书馆建于90年代，规模较小，目前常驻工作人员有四人。杨馆长热情地给我介绍了梁河县的文化开展情况，以及当地的民俗艺术，我吃惊地了解到本地也有洞经音乐、皮影艺术，也萌发了我去考察研究的兴趣。上午来到县扶贫指挥部找上次采访我的小曹，在聊天中得知了更多关于当地的一些文化信息，他重点介绍了九保乡的历史文化，提到了一位多年义务管理村图书室的老人，也提到了村中一位医术颇为高明的医生，我请他把这些地名写在纸上，准备抽时间逐一拜访考察。我到九保参观了太平寺，寺名是民国时期的黎元洪总统受李根源委托所题。旁边便是梁河县南甸丝竹洞经乐团，恰逢80多岁的老团长在，我并对他们几位进行了访谈。该团成立于2002年年底，现有常驻团员20多位，平均年龄70多岁，墙上贴着醒目的会规：戒淫行、戒意恶、戒口过、戒旷功、戒废字、敦人伦、净心地、慎交游、立人品、广教化、孝敬父母、尊敬长上、和睦乡里、教养子孙、各安生理、无作非歹。

我也翻阅过《梁河县志》和开始看一些关于儿童教育方面的书，希望在乡村教育扶贫方面多一些思路。利用吃晚饭的时间，也和村支书谈到集益村名的来历以及已经消失的村古迹"三教寺"。闫支书说他们家族以前重视文化家风，"三教寺"即是他们家族先人所修的，位于村茶厂现在所处的位置，但"文革"期间已被拆毁。

2. 周边县域文化调查

梁河周边气候多元，如盈江气温较高，民族风情浓厚，水果品种也较为丰富。腾冲则汉族传统文化发达，富有温泉资源，旅游资源也丰富，因此，我也常在周末期间去调研。一年来，我利用休息日考察了腾冲的荥阳、刘家寨、界头、勐蚌、碗窑、和睦等村，了解了油纸伞、皮影、宣纸、陶器、竹编、刺绣等乡村手工制作工艺。可以看出，腾冲近些年通过人文优势带动旅游资源大力发展乡村产业，其努力也收获了丰硕的成果。和顺古镇去过多次，古镇有和顺图书馆、雨洲亭、寸氏祠堂等文化景点。我曾住在一所具有180年历史的民宿里和主人进行一段录音访谈，主人是和顺本地人，也是一名县里退休的文化官员。我想了解本地文化的话，这是绝佳的访谈对象，他和我介绍了许多关于古镇的文化和历史，并对于由于大量外地人涌入古镇创业而造成对于本地文化的冲击的现状表达了担忧。我关心古镇的文化现状，由此联想到我们村如何建设文化氛围的问题，对于讲话内容也做了部分录音。我是第四次住在和顺古镇了，吸引我的就是它600年的文化底蕴。我想在扶贫村建立书院搞文化扶贫，和顺古镇给了我不少启发和精神鼓励。下一步还要多做一些访谈，尤其是关于家谱文化和中草药文化方面的，口述文化亦是重要的人文记忆。

　　在腾冲还考察过皮影艺术。县城有刘永周皮影博物馆，博物馆分为两层，一楼的墙上挂满了雕刻好的皮影靠子，大小不一，大的居然有两米多高。大皮影也是刘家寨的艺术特色，我注意到在墙的最上边有一排少数民族的皮影作品，看来刘家寨皮影也是在不断创新中。后来又开车来到刘家寨村，村中有一座"腾卫皮影传习馆"，里面有几位老艺人正在排练舞狮皮影新剧目，我得以在后台仔细观察了他们的演出环境。一位六十多岁的老艺人还喊了其他几位给我现场演奏了传统洞经音乐。据了解，这里洞经音乐比丽江保存得还要完整，在"文化大革命"期间，村民们通过很多藏匿手段经谱才得以保存下来。腾冲皮影是国家级非物质文化遗产，除了实地考察之外，我还查阅了相关资料：

　　　　明朝洪武年间，中央政府在云南实行军屯制度，数十万南征将士留守云南边陲，并移入大量中原移民。作为兵家必争之地的极边重镇腾冲，成为军屯和移民的重要场所。大批湖南、湖北、四川、江西、江苏等地的官兵在腾冲屯垦落籍，大量的移民迁入，使腾冲社会发生了巨大的变化。汉文化在腾冲这片土地上扎下了深厚的根基，并成为主流。皮影戏就是在这样的历史条件下传入腾冲的，至今已有六百多年的历史。①

　　由于流传地域的历史文化、人文情趣及自然环境的差异，在长期的

---

① 彭晓主编：《云南民间传统艺术》，云南美术出版社2008年12月第1版，第3页。

第一章 绪论

传承过程中，逐渐形成了艺术风格迥异的"西腔"和"东腔"两大流派。①

腾冲皮影戏的剧目多取材于传奇、演义及民间故事，尤以三国戏、列国戏、封神戏、西游戏、水浒戏、说唐、说岳、薛家将、杨家将等连台本戏居多。传统剧目有三百多出。②

腾冲的皮影靠子展高和展宽约80厘米，与国内其他地方的皮影靠子相比，大二至三倍，显得高大庄重，现场视觉更宽广，容纳的内容更丰富，故有"云南大皮影"之称，在全国独树一帜。③

利用元旦假期，我还到腾冲拜访了一位在当地颇有名气的尹老中医。他的诊所位于县城里面，是一座具有传统风格的二层木楼，正在里面给病人包扎的帅气年轻人是他的孙子，看来医术已后继有人了。我和老中医交谈了一个多小时，他在言谈中流露出对于中医药现状的担忧，认为"诚意"和"野生草药"的缺失造成了中医医疗效果的滑落，他再三强调用化肥和农药进行人工培育草药的弊端。这次访谈加深了我对于本地中草药文化的认知，也进一步充实了村史馆中草药版块的内容。

腾冲的勐蚌村和新岐古镇是美丽乡村的典型。勐蚌村位于山谷中，要从山脚七拐八拐十多公里才能到达，但这一片平整的坝地很是美丽祥和。黄黄的油菜花正在开放，肥沃的田地也被深翻松土，村中有条小河溪流淙淙。我在村边看到两三家温泉澡堂，大池子是免费的，但因为无人打扫，池底垃圾较多，单间二十元倒也是不贵。新岐古镇是新村，新建的青砖灰瓦民居围拢在湖边，景色还不错，但可惜已没有了古镇的历史感。

腾冲莫拉佤族村是年前习主席来考察的村落。此地风景很好，建有完善的公厕、广场、司莫拉礼堂、停车场，甚至还有农耕文化观光区。它竭力挖掘了本民族的文化来彰显村庄个性，如果说佤族创造性的文化是它传承的当代生命的话，那么民族村庄的振兴激活还需要更多人才的介入才行。

---

① 彭晓主编：《云南民间传统艺术》，云南美术出版社2008年12月第1版，第6页。
② 彭晓主编：《云南民间传统艺术》，云南美术出版社2008年12月第1版，第4页。
③ 彭晓主编：《云南民间传统艺术》，云南美术出版社2008年12月第1版，第5页。

(二) 书籍阅读

书籍阅读对我的影响可分为二点：

1. 精神力量

《习近平的七年知青岁月》这本书是中央党校策划组织的系列采访实录，曾经在中央党校主办的《学习时报》上连载过。习近平总书记曾经在梁家河生活工作过七年，那段时间正是人生成长最宝贵的黄金阶段，艰苦的生活磨炼了他的品格，同甘共苦基层的生活让他熟悉了民情，并奠定了他后来施政的思想基础。他利用一切时间努力的读书学习，而且注意读书方法来加强自己的思辨能力。在阅读范围上，有历史、军事、哲学、文学等，他善于汲取书中有益的精神养分，这对于他一步步地成为国家的领导人也起着相当重要的作用。雷平生在总结习近平知青成长生涯的特点时，认为它具备四个方面的特点：第一，强烈的使命感；第二，辩证思维方式；第三，遇事有定力；第四，肯读书善学习。我被习主席特殊的经历和为民服务的品德所感染，看到其中动情处甚至还流下了眼泪。习近平总书记在艰苦的环境中不抱怨、不消极，扎根艰苦农村基层，带领群众修淤地坝、建铁业社、缝纫社，由于办事公道稳健，深受百姓的爱戴，这无形中也对于我的精神起到了极大的鼓舞作用。

书中还谈到习近平总书记为了融入群众，甚至学会了当地的方言，这对于我驻村工作很受启发和鼓舞。学唱当地的山歌可以了解到当地群众的文化和心理，也有助于我扶贫工作的顺利开展。但是村里人告诉我："山歌必须用方言唱"，这对于我作为外地人来讲是有些难度。

作为北京知青，习近平同志在15岁时来到陕西省延川县文安驿公社梁家河大队插队，他刻苦励志，用"公心"为村民办事，勇于创新，真正扎根在了黄土坡。七年的知青岁月让习近平主席了解了百姓疾苦，也为树立"为人民"的执政理念打下了深厚基础。他重党性、重情义，随后在做正定县委书记、厦门副市长、宁德地委书记，乃至担任福建省长、浙江省长和国家领导人期间，都一直深切贯彻着这一共产党人的坚定信念。

2. 学术力量相关知识愈了解，就愈发觉得乡建的重要性

梁漱溟先生作为文化大家和乡建先驱者给我影响很大，也摘录了他著作里很多观点：

今后中国人向上兴奋的新方向，将不会再是一个矛盾的、混杂的、向上又含着向下的；以后再向上就是真的向上。这个新方向是什么？老实不客气地说：就是我们的乡村建设运动！乡村建设运动就是因为中国受了西洋的刺激，引起了向上；更因每度的向上而引入于向下，至此时亦是无路可走，最后转出来的一个新方向。①

经济进步有待于人，而人要是不活起来，则经济（尤其是我们要求的这种经济）不会进步。如何让人活起来？则需发动中国人的精神；如何发动中国人的精神？则须借人生向上的力量，提振起志气来；否则中国人将更狭小，更不能进取。我们要提振起志气，把经济放在这种人生中，让人生驾驭经济，支配经济，享用经济，不叫经济支配人生（西洋人则是经济支配人生）。要做到这一步，就更是一个精神问题、人生问题，或说是一个文化问题。②

民族自觉的头一步，便是觉悟到乡村；从这一步就可以觉悟到一切。觉悟到我们原来社会构造的特殊，觉悟到我们不能不自有我们的前途；——虽然西洋的长处必要尽量地采用。十年来的乡村运动正是民族自觉的开端。③

原来中国社会是以乡村为基础，并以乡村为主体的；所有文化，多半是从乡村而来，又为乡村而设——法制、礼俗、工商业等莫不如是。④

所谓中国建设（或云中国经济建设）必走乡村建设之路者，就是说必走振兴农业以引发工业的路。换言之，必从复兴农村入手，以达于新社会建设的成功。⑤

（三）文化乡建实践

和邻县腾冲相比，梁河县的文化氛围还有待加强。腾冲通过这些年的文化挖掘与营造，很好地把它与经济发展联系了起来，以文化极大地带动了产业的发展。腾冲主要是汉族文化，有内地文化的书香气，梁河县则民族文化

---

① 梁漱溟：《乡村建设理论》，上海人民出版社2011年版，第130页。
② 梁漱溟：《乡村建设理论》，上海人民出版社2011年版，第187页。
③ 梁漱溟：《乡村建设理论》，上海人民出版社2011年版，第321页。
④ 梁漱溟：《乡村建设理论》，上海人民出版社2011年版，第11页。
⑤ 梁漱溟：《乡村建设理论》，上海人民出版社2011年版，第17页。

浓厚一些，如何在共性文化区域内打造个性文化是重要的。

我国是一个以农业文明为基础的国家，关注乡村的发展是我们国家重要的国策。精准扶贫工作前无古人，创造了世界减贫史上的奇迹，凸显了社会主义制度的优越性。

在驻村期间，我除了完成日常扶贫工作之外，在学校等部门的支持下，进行了文化扶贫实践：着力打造以乡村书院为中心，以中草药文化陈列馆和古井泉文化景观为两翼的乡村文化氛围。在打造观念上充分挖掘所驻村的历史文化资源，考察了本地周边皮影、油纸伞、刺绣、中国传统村落、古镇，以及洞经音乐、民族文化、中草药文化、山歌文化，并对之进行文化访谈。主要特色有五点：第一，美育工作。在村小学举办画展，受聘美育顾问，成立书法网络课程种子站。第二，成立中草药文化陈列馆。根据本村实际情况，彰显特色地域产业。第三，打造村文化名片。利用画展、论文、散文等形式宣传本地乡村，以文化名片来拉动产业的发展，在德宏州高等医学专科学校举办村中草药主题画展一次，并捐赠作品近百幅开辟永久展区宣传展示。第四，保护乡村的历史人文遗迹。乡村振兴包括文化的振兴，古井泉文化景观的打造使得乡村魅力得以提升。第五，联合社会资源共同参与乡村振兴。

在扶贫期间，曾经考察过中国农业大学李小云教授在昆明创建的六个都市驱动型创新实验乡村，在扶贫之前也参加过景德镇首届中国美丽乡村建设论坛并发言，也曾经在北京密云区北庄镇朱家湾村驻村两年做了艺术乡建"云岫山房"，并著有写生作品集《乡村里的中国：朱家湾篇》。

目前我国精准扶贫圆满结束，已到了乡村振兴工作阶段。在这一阶段，要求有巩固脱贫成果的五年过渡期，因此，研究此课题可以因地制宜地思考相关文化帮扶策略，为实现乡村一体融合式全面振兴提供学术参考。另外，在一定程度上也弥补了此领域的学术研究空白。

第二节 相关研究和实践

一 研究综述

艺术乡建属于文化帮扶的范畴，我国于1993年12月成立文化扶贫委员会开展文化扶贫，其主要方式是万村书库工程、手拉手工程、电视扶贫工程、为农村儿童送戏工程、报刊下乡工程。20世纪60年代以来，美国学者刘易斯提出"贫困文化"的概念，在中国来讲，文化扶贫从以"福利"的边缘化状态到精准扶贫时期的全面融入也经历了几个阶段。相关研究也逐渐兴起，以文化扶贫为主题在知网上搜索，学术期刊论文有1146篇，学位论文76篇，会议论文22篇，发表时间最早是1987年，且只有一篇。从发布年度分布趋势图可以看出2015年之前发表研究文章的数量分布只有小幅度的波动，后来逐年升高，2019年发表366篇达到高峰，2020年则333篇。其研究内容虽繁杂但大体可以分为五类：

（一）文化扶贫个案研究

个案研究多以一个地区为研究观察对象，不同地域的文化扶贫具有不同的特点。如王华东等人撰写的《"2020后"河北省燕山——太行山片区文化扶贫体系研究》，文中对于文化与贫困的关系进行了深层次地分析，同时也对于这一片区的当前扶贫现状和"2020后"形势进行了研判，认为文化帮扶可以打破固有贫困文化的平衡和封闭，是重要的文化动力。李文兵等人撰写的《论甘南藏族自治州旅游开发的文化扶贫机制》，作者针对甘南州文化结构现状对文化扶贫机制进行了分析，认为发展旅游既尊重了宗教的主体地位，也有利于打破封闭的地理环境，也有利于调整产业结构，城镇经济的兴起也可以发展现代文化，提升教育的质量。杨蓉等人撰写的《宁夏南部山区人口文化贫困初探》，作者认为在社会层面上来讲，宁南贫困山区文化闭塞保守，在家庭层面上来讲，人口多，女性地位低下，家庭责任感不强，于是造成了家庭收入不多。在个人层面上来讲，发展眼光还较为短浅，及时行乐的情况较为严重。根据此制约现状，作者认为应该走以文化扶贫和生产扶贫为主，生活扶贫为辅的道路。文化扶贫应包括提升域内文化和人口素质两方面的内容。

（二）文化扶贫重要性及其策略研究

文化扶贫可以提升内生动力，转"输血"为"造血"，此类研究从多个角度阐释文化扶贫模式，具有一定的实践参考价值。如王俊《乡村振兴背景下云南农村文化扶贫的重点、难点与对策研究》，文中阐述文化扶贫的重要性，同时也提出当前面临的诸多问题，以及解决方案。其中谈到建立健全群众文化需求的反馈机制是很重要的解决策略。唐金培和蔡万进撰写的《社会主义新农村文化建设的思考》，文中提出要落实城市反哺农村的政策，城乡要一体化统筹融合发展。安徽省社科院课题组撰写的《文化扶贫：扶贫方式的重大创新》，文中强调要取得农村长期稳定发展就要注重文化建设的造血功能，文中通过大量数据表明只有把文化提升结合到科技扶贫中去，如此劳动力的主观条件和精神动力得到提升，科技扶贫也才能真正落到实处。龚晓宽博士论文《中国农村扶贫模式创新研究》在第九章以文化扶贫模式的完善与创新为主题。杨久梅《文化扶贫及其合理性论析》，文中提到文化的两个特点：1. 大文化的广义性。2. 文化需求的实用性。

（三）非遗保护在文化扶贫中的重要作用

非遗是重要的文化遗产，在艺术乡建中要兼顾开发与保护的关系。如侯钫《非物质文化遗产在地方文化扶贫中的活态传承》，作者对于地方文化扶贫中的非物质文化遗产活态传承进行了一系列的思考：1. 强化民众在文化上的自信自觉；2. 推动优秀传统文化的创造性转化和创新性发展；3. 加强文化人才队伍建设；4. 整体把握适度融合。

（四）文化扶贫与其他扶贫模式关联性思考

文化扶贫不能单一的、割裂式的进行，要重视它和其他扶贫方式的联系性。如穆玉堂等人撰写的《金融扶贫与文化扶贫的承接性机理分析》，作者对于金融扶贫和文化扶贫在扶贫过程中各自发挥的作用进行了分析，指出"贫困临界点"这一概念，脱贫前期以金融扶贫为主，但要达到长期脱贫的效果就要在后期关注文化的造血功能，使得文化扶贫提升这一区域的教育来代替贫困文化。另外对于有可能返贫这一群体更要提升其劳动力素质来摆脱其对于金融帮扶的过度依赖。暨爱民《"文化"的扶贫逻辑——基于生态文明视角的分析》，我们国家扶贫是基于生态文明的基础之上的，因此，本书从"文化生态"的概念出发着力于阐释扶贫与生态之间的关联性，强调"在扶贫活动中要推进文化生态统一体的建构，实现人与自然生态的'双赢'"。

以上研究基本涵盖了文化扶贫的内容，但对于精准扶贫衔接乡村振兴这一阶段的乡村文化振兴的相关研究还有很大的研究空间，尤其探讨艺术乡建在乡村振兴中所发挥的作用是很重要的研究课题。

二 本书研究的学术价值、理论意义与现实意义

云南简称滇，毗邻贵州、广西、四川，与缅甸、老挝、越南等东南亚诸

国也交往密切。云南地处高原，山地面积占全省的88.64%，民族多，气候和民俗文化多元共存，是著名的文旅大省。据记载，云南是全国少数民族最多的省份，少数民族人口占总人口的三分之一，哈尼族、德昂族、布朗族、独龙族等十五个少数民族是云南省独有的。民族节日众多，传承下许多古老的习俗。多民族长期共存，互相影响，加上独特的气候，云南孕育了青铜文化、稻作文化、茶文化，也有南诏文化、东巴文化等世界瞩目的传统文化，尤其少数民族的神话史诗是中华文化宝库中的重要内容。

但由于历史、自然、区域、个体等诸多复杂的原因，云南曾经在贫困县数量上位居全国第一，有四个集中连片特殊困难地区，八十八个国家级贫困县，在这种情况下，云南人民在党和政府领导下艰苦奋斗，最终取得了脱贫攻坚战的伟大胜利，这是习近平新时代中国特色社会主义思想的正确指引，是中国特色社会主义制度的重要优势。在脱贫过程中，"严格"和"精准"是其关键词，如何转劣势为优势是其主要思考点。

贫困的原因放在个体上是因为文化素质偏低，思想保守，创新能力弱。因此，培养人才提升劳动力素质是乡村振兴的重中之重。

本书重点探讨乡村振兴前五年结合巩固扶贫成果的工作要求来介入艺术乡建力量，其难点是在民族边疆地区如何结合当地区域文化生态来研究艺术乡建对于乡风文明提升的作用。探讨云南边疆地区艺术乡建的个性化模式，尤其对于乡村文化振兴的重要作用。

三 本书研究的主要思路、研究方法及重要观点和创新之处

（一）基本思路

本书以总体阐述云南地区文化扶贫为框架，按其云南精准扶贫承接乡村振兴机理分析为肌理，对艺术乡建在云南乡村振兴中的应用策略做重点分析，在钩沉乡村工作不同发展变化阶段的基础上，进行艺术乡建对于地方乡村振兴工作介入性研究。

（二）研究方法

结合历史学、社会学、文学、艺术学和人类学的理论和方法研究文化扶贫，对艺术乡建这种乡村振兴内容进行深层次的剖析阐释，采取整体观察、史论结合，比较研究和多学科交叉研究的方法。

（三）创新之处

1. 西南边陲地区艺术乡建个案分析。2. 艺术乡建图像民族志的书写方式。3. 驻村扶贫队员的乡建民族志。4. 艺术乡建项目团队的公益持续。5. 高校与基层乡村的美育共同体打造。

第二章　上河东镜像

　　《天真的人类学家》是英国牛津大学博士奈吉尔·巴利撰写的著作，作者同时也是前大英博物馆民族志学组附属人类博物馆馆长。学者赵丙祥在导读中认为该书的价值不输于保罗·拉比诺的那本《摩洛哥田野工作之反思》，而且"在某种程度上，它更真诚，更实在"。在本书中作者用充满幽默的笔触记录了两次在非洲喀麦隆多瓦悠人村落进行田野调查的经历，这是一场真实的田野调查，鲜活而又生动，读之令人捧腹不已，文中用"含泪的微笑"一词来比喻真是贴切之极。我们从中可以看到人类学家是如何与研究对象互动的，

图1　普查时所画芒市西山乡景颇族妇女
（纸本铅笔　杨江波 2020 年写生）

如何在陌生的异域文化中来调整成见和其研究思路的。我印象最深的是笔者在经历中反复提到的啤酒，里面的亮点人物是祖帝保，这是一名酋长也是笔者的房东，他总是会出现在啤酒宴会上，而且开瓶器时时悬挂在脖子上，一旦喝起啤酒就"一口吞下，满嘴泡沫，津津有味"。祖帝保是如此爱啤酒，以至于笔者在一次葬礼仪式上看到他没来则心中暗喜。当然笔者最关注的是"割礼"仪式，但第二次千辛万苦来到这里并没有记录到仪式，仪式的取消和各种恶的"兆头"有关，当然也和啤酒有关，割礼取消也给整个多瓦悠兰带来了羞辱和混乱。

我阅读此书最初的兴趣来源于它的田野性，我顽固地认为我们高校扶贫队员驻村更像是一名人类学家，在陌生的文化环境里体验着不同的生活方式和观念。如果说"啤酒"这一关键词贯穿了巴利馆长的研究报告中，我暂时还找不出一个贴切的词来作为我扶贫之旅的线索，但其中的心路历程也许会让我成为一名真正的人类学者。我们的扶贫工作是接触着最基层的民众，而且和当地政府人员亦有密切的交往合作。这种经历的优势就如笔者在文中所说"可以让我的讲课内容不再拖拉无趣。当我必须传授陌生的课题时，可以像我的老师那样，把手伸进装满民族志逸事的破布袋，炮制出一些曲折复杂的故事，让我的学生安静十分钟。田野工作也会赐我贬抑他人的全副技巧。"当然笔者重新回到自己国家时的那种"疏离感"也是我感兴趣的，作为驻村两年的扶贫队员，我们由熟悉了此环境而再次回到彼环境，身份的切换必然引起调适的难度。驻村结束回原单位是必须的，但其中心理却是矛盾而又微妙，巴利博士返乡几个月后打电话给朋友的一段对话很耐人寻味：

"啊，你回来了。"

"是的。"

"乏味吧"？

"是的。"

"你有没有病得要死？"

"有。"

"你带回来的笔记是否充满不知所云的东西，而且忘了问许多重要问题？"

"是的。"

"你什么时候要回去?"

我虚弱的发笑。但是六个月后,我回到了多瓦悠兰。

第一节　旁观与亲历:驻村缘分与田野调查

一　进村

2019年4月24日,星期三,校组织部部长、扶贫办主任等学校同事十人左右乘车出发到驻村点,学院书记也派人来相送,不大的车厢基本坐满了。一路高速,路况甚好,也并没有担心的堵车现象。在腾冲前站的服务区下来休息加油时,一开车门便一股热浪袭来,气温和昆明有很大的差异。经过近十个小时的奔波,晚上八点多终于到了梁河县城。随行校扶贫办蒋老师熟悉地况,联系了一家清真餐厅用餐,席间一种当地不知名的蔬菜引起众人注意并谈论了一番。饭罢住在县政府对面的鑫磊酒店,明日正式进村。上午,梁河县县委挂职的杨书记和当地组织部副部长陪同我们一行人进入扶贫村,首先来到的是芒东镇洒乌村,村公所位于山顶,第一印象风景还不错。我们首先参观了扶贫队员的办公和生活场所,县委书记、乡长以及村委主任和新老扶贫队员座谈了一些扶贫工作进展情况。随后驱车来到平山乡上河东村,上河东村据说是平山乡第一大村,在整个梁河县也算是第二大村。放下行李,一行人在顶楼会议室召开会议,这个会议室是在楼顶用铁皮加盖的,比较宽敞。师大驻村扶贫队长陈助昌是一位生于88年的年轻教师,他已在此工作了三年了。在此扎根这么多年,看得出扶贫工作也真是一件不容易的事。

二　田野调查

调查很重要,要一切从实际出发来制定工作策略。我网购了《摆脱贫困》这一本书,该书收录了习主席担任地委书记期间的重要论述文章,他根据实地调研来制定本地发展的策略,如从其撰写的《正确处理闽东经济发展的六个关系》《闽东九县调查随感》等几篇文章可以看出:在工作上只有调查才有发言权。他因此根据调查提出了贫困地区发展乡镇企业的思路,以及强调扶贫要注意根据本地特点来增强乡村两级集体经济实力的问题。

《毛泽东与1961年全党农村大调查》中毛泽东号召进行调查研究，党中央认为具体工作中发生的缺点和错误主要是放松了调查研究工作，满足于看纸上的报告，听口头的汇报，下去的时候也是走马观花，不求甚解，并且在一段时间内，根据一些不符合实际的或者片面性的材料作出一些判断和决断。要彻底解决贫困问题，就要挖掉穷根，要找准穷根，调查研究是必不可少的。毛主席很注重这种从实际出发的工作思路，这一点在其《农村调查文集》中可以清楚的看到。今天，江西赣州甚至重点打造了占地200多亩的"毛泽东农村调查纪念园"，毛泽东的最早的农村调查报告也被评定为国家一级文物。这显示出，我们党和政府对于"调查研究"这一革命法宝的重视。

《反贫困在行动：中国农村扶贫调查与实践》这本书，这是属于部委委托研究的智库书系，这是华中师范大学中国农村研究院对300多个村庄的5000多个农户构成的观察点进行了长期的跟踪调查以及观察。书中有大量的数据和分析说明，研究者通过调研发现影响农民贫困的因素是"四高一低"：受教育程度低、社会接触程度低、政策利用程度低、劳动力负担程度高。受教育程度与自身能力的提升和工作机会的把握有着明显的关联，当前的农村教育，不仅导致农民短期贫困，而且制约其长期致富，也造成了下代人的机会不均等。

我目前正在进行驻村扶贫工作，这与我之前的生活环境不同，这里的一切对于我还不够熟悉，于是"调查研究"也应该成为我工作的"法宝"。

作为驻村扶贫工作来讲，做田野调查是有方便条件的，如关于易地扶贫搬迁农户的一些情况补充调查，需要队员逐个打电话去核实一切情况，调查内容包括：发展产业、发展规模、收入、搬迁户住房需要提升事项、外出就业人员的收入等相关调查，这些详细的信息将有助于政府来进行精准施策。在界端村入户调研，在一家建档立卡户家中偶然看到女主人的刺绣鞋垫，她因为在家照顾幼儿不能外出工作，在闲暇时间倒是绣了很多鞋垫。我挑了几双拍了照片发在微信朋友圈里，注明70元一双，包邮，很快有两位朋友订购了四双。有朋友认为价格是贵了些，但一双鞋垫要绣3天，绣女刨去邮寄费只能得到50元的劳务费，算到每天仅仅有10多元的收入啊！晚上，朋友即发来一个央视节目的截图，是财经频道播出的关于内蒙古刺绣脱贫的案例。我在网上找到后认真看了，我也有计划在村里发展一下有特色的刺绣项目培训。但意识到难度也是很大，因为涉及资金问题、人员培训问题、产业后续发展等问题。

图 2　村中土坯房（杨江波 2019 年拍摄）

类似这种调研会让我生发出关于文化扶贫工作的一些想法，也有热心朋友会及时献计献策。

第二节　记忆与故事：村庄历史

上河东村大约有六百年的历史，村里老式泥坯墙的老房子较多，很有些原生态的特点，也有山歌、丧礼等民俗文化。

一　人物访谈

上河东村先祖几百年前搬迁至此居住生活，经过勤劳开辟荒地和人口繁衍，形成了稳定的村落聚居模式，其中界端自然村是历史最久的村落。精准扶贫以来经过政策搬迁又形成了吉阳、集益等几个新村。

村名承载着本村的历史记忆，经过笔者访谈调研，略举几例：

（一）吉阳（口述人：魏生说）

吉阳村在之前是一片荒坡，2003 年村子搬迁来之后名字迟迟没有起，后来县委来人催促此事，当时村干部闫信谁同志认为这里阳光好，就决定起名为吉阳村。

（二）中岭干（访谈人：赵并认 87 岁　邢组旺 90 岁）

中岭干刚开始有邢姓（2 家）、李姓（1 家）、杨姓（1 家）、张姓（1 家）、赵姓（2 家）几家搬迁而来，居住此地大约 150 年之久。因为居住在山洼之间的岭地之中，所以根据所居之地形而命名为中岭干。以前分散居住在三个地方，因为山陵遮挡阳光并不充足，生活条件艰苦，被认为是上河东村生活条件最差的地方。2003年以来分为几批实施了搬迁集中居住，搬迁之后，村民自发凑钱并经过政府同意，在新搬迁点的村口立了村名碑。

（三）五台山（口述人：魏生说）

根据坡形取名为五台山。因为从甘蔗厂到该村有五座山坡，故此村命名为五台山。据魏生说老人讲，他的先祖从南京搬到四川，又从腾冲搬到界端，后又迁到木瓜寨，最后安居在了五台山，五台山村民由界端村搬去的较多。

从村支书闫信教口中得知村里大约有十三个姓氏，闫姓是村里的大家族，所出人才较多，两任村支书皆为闫姓，也有在县里和州里担任领导职务的家门。据闫支书讲述，他的先祖来自河南，明朝时带兵打仗便来此定居繁衍，本地汉族祖先大多来自江苏，这在其供奉的家堂牌位中皆有显示。杨副主任的先祖则由腾冲搬迁过来，至今腾冲县城还有杨家巷，所住皆为杨姓人家，在郊区农村则修建有颇有气势的杨家祠堂。

我曾计划将这些族谱复印下来，进一步采访每个姓氏有威望的老人，听他们讲述本家族的历史及大的事件，用录音的方式做成口述史。另外，可以在此基础上把各自的家训整理出来，以后可以请书法系的学生把家训内容写成书法条幅悬挂在家中。

图3　在村中采访年高又了解村史的老人（杨江波2020年拍摄）

二　实地调研

村中教师众多，有30多位，退休后既有退休金可领，又有田地可种，这在农村中成为大家羡慕的对象。我曾经拜访过几位退休教师，有位杨姓退休教师因为在村中德高望重，加上村里搬迁，老村缺乏年轻劳动力，于是被推为村组长，吉阳村还有一位赵老师经常在山上养蜂，几天才回家一次。山上自然村有小学和初中的旧址，因搬迁无人，初中校舍已被以低廉的价格租给外地人发展蘑菇产业，也解决了一些村民的就业问题。小学的几间教室则改为幼儿园，村民集资聘请了1名本村"80后"初中学历的女性教师指导8名学生学习。

界端自然村是行政村里最有历史的，因为地理位置便捷，历史悠久，界端村民对此也颇为自豪。他们会指着村里古老的大榕树给你讲土司的故事，也会带你到古井那里谈论结婚洗井的民俗，即使井边倒塌的龙王庙也有着美丽的传说。村边还重建了一个简陋的小庙，印象深刻的是：庙堂中央供奉的是狼神和财神，观音菩萨和西方三圣倒是供奉在旁侧。

另外，村中还建有颇有规模的"红莲寺"，寺中有一尼僧主持，村中几位年长居士也时常去帮忙做饭及扫除。据闫支书告诉我，他们家族以前重视文化家风，在村中建有"三教寺"，位于村茶厂现在所处的位置，但"文化大革命"期间已被拆毁。

第三节　重视与淡化：村庄的文化教育状况

一　当地民众对于文化的重视与淡化

相关资料显示出完成"两不愁三保障"工作的当下迫切性和艰巨性，现在经过国家扶贫资金的投资结合村民的投工投劳，村里的路已经硬化得很好，也把山上一些村民搬迁到更有利于生产和生活的地方组成新村。在物质扶持基础上如何以文化来助力乡村振兴呢？和村书记谈到过升级书屋打造书院的计划，看得出村支书对于这种智力扶贫很是支持。那村民具体的文化情况如何呢？其他扶贫队员又是怎样认知的呢？从下面摘录我写的扶贫日记内容可以看出一些情况。

2019年9月8日　星期日　阵雨

晚上与几位乡政府工作人员谈到了文化扶贫的问题，都认为扶贫工作不只是改善物质条件，提升劳动者的素质和转变生活态度也是重要的。

2019年9月26日　星期四　晴

　　昨日在入户排查厕所的过程中发现很多四十多岁的妇女并不知道自己的出生年月和年龄，只是模糊地知道自己的属相。一句"不晓得"道出了文化薄弱的问题。在村里，"70后"不识字的大有人在，问起缘由，大多认为自己小时候姐妹多，家庭困难，另外父母重男轻女也是一个重要原因。我和村里几位退休的小学教师聊天，说起想在寒假期间办基础文化培训班的想法，这个想法也获得了他们的认可，有些妇女也表示愿意继续学习。但男性村民好像这种愿望淡一些，认为太复杂了。

　　从日记中可以看出村民普遍文化程度较弱，尤其四十岁以上的村民，识读拼音也很困难，三十岁左右的村民只有初中学历的也很多。有些青年女性没有到法定结婚年龄就匆匆结婚生子了。我曾经问过几个结婚早的女性青年，问她们对于早婚的看法，她们也会表达出后悔的意思，认为这种情况会让自己过早地担负起家庭的重责，而丧失学习提升的机会。对于应该提升农村劳动力文化水平这件事我曾经问过乡长和一般工作人员，是当地政府工作人员的共识。但因为脱贫攻坚任务重，行政事务庞杂，加上对其有效的途径和方法并不很清楚，于是文化建设的事情就慢慢搁置了起来。但本县也有一些民族乡被重点支持进行了文化建设，如旁边的囊宋乡建有条件较好的阿昌族博物馆，关璋村也在积极打造阿昌族文化发展文旅。但我实地参观后，总觉得还缺少学术研究的支持，如何活化民族文化对于乡村振兴很重要。

图4　驻村时所住村公所的宿舍（杨江波2019年拍摄）

二 农民的孩子还是农民吗

前两天听到一位村民说:"农民的孩子还是农民。"我一开始很诧异听到这句话,但再一想,不禁又陷入了沉思。

驻村这段时间我对于当地的状况有了一些了解。这里由于处于偏远的山区,过去由于交通不便造成观念相对保守,重视读书和外出经商的人并不很多,因此村里还有很多四五十岁的人只会写自己的名字,村里平均文化状况和其他地区相比还很薄弱。昨天去团树自然村入户调研时得知:团树自然村有一百多户人家,经济状况也比其他自然村要好一些,原因在于这里过去有几户人家是外出经商的。外出经商的人看得多,思想观念相对而言就自然会比较开放。

图5 在家看孩子的留守老人(纸本水墨 杨江波 2020 年写生)

我去过旁边腾冲县的和顺古镇,古镇已有几百年的历史,在马帮兴盛的时候村里的人经商为多,同时重视诗文传家,文风蔚然兴盛。从他们村的建筑设计来看,处处体现着这些文化特征。甚至在民国时期,在缅甸做生意的本村人回乡捐资兴建了图书馆,一座乡村图书馆从规模上可能并不是很大,但它给村子所形成的影响是厥功至伟的,此后,村子里人才辈出。直到今天,诸多游客闻名而来游览，相信并不仅仅是来欣赏这里优美的自然风景，而是来这座古镇浸润体会深厚的人文内涵。

但今不同昔，如今在上河东村的界端村组，一座现代化的，硬件设施齐全的小学已拔地而起。这里可以听到朗朗的读书声，可以看到校园里欢快的笑声，学生餐厅、教师公寓等生活条件一应俱全。当地人对于孩子读书的热情也是很高的，一旦听说谁家的孩子在高考或中考考出了好成绩，消息很快就会传遍周边村寨，这个孩子的父母也瞬间会成为大家所羡慕的对象，有的条件稍好的家长甚至在孩子上小学的时候就把他们送到芒市去读书。但在这种情况下，为什么依然有村民说出"农民的孩子还是农民"这句话呢？

我想这句话也代表了一部分农民家庭的想法，他们由于自身文化水平不高，或者说内心对于文化重要性的认识还不够。印象最深的是：我刚来村上时，因为图书室要升级改造成书院，就把原先的书运到村办事大厅暂存，一位村民看到后就说道："这些书有啥子用？"从这句话中，我们也读出了许多信息，也看到了改变顽固观念的困难，我们知道，要想孩子努力读书，家长的引导和家庭氛围的营造是很重要的。家长读书少和他们不重视读书是不可以画等号的，因此，家长自身观念的改变对于孩子的成长最为重要。当然，社会上也有一些不良现象，如一些家长借助权势来帮助自己孩子取得某些利益，但我想孩子自己本身的能力才是最为重要的，何况古语早就讲过"贫穷的孩子早当家"，"人穷志不短"，即是说：事分两面，贫穷的成长环境也是有它有利的一面，一味抱怨则会阻碍前进的脚步。我们在历史上有太多农民儿子名垂青史的例子，毛泽东是农民的儿子，他反而利用熟悉农村的优势制定相关策略成立了新中国；诺贝尔文学奖获得者莫言出生在山东高密的农民家庭，小学五年级即辍学，但他也利用农村的成长经历体会写成了诸如《红高粱家族》等优秀文学作品，这样的例子太多，不一一列举。

想说的是，"农民的孩子还是农民"这句话可以详细剖析，它反映出我们在扶贫工作中会遇到的一个难点，一个不可忽视的难点，那就是如何改变思想意识的问题，这需要我们书院耐心和有方法地进行相关帮扶工作。

三　电子游戏在乡村

我最早接触游戏是在初中时期，那时的游戏还是初级插卡时代，一台一百多元的游戏机上面插上游戏卡就可以使用了。除了家庭的游戏机之外，游戏机厅用的是立式的，游戏题目是诸如超级玛丽、拳击争霸、魂斗罗之类，大多是温和的小游戏，最激烈的就是魂斗罗了，这是一个持枪厮杀的闯关游戏，分为单人和双人两种类型。彼时的我也正处在贪玩的年龄，也有过逃课回家打游戏的经历。不过那时成年人打游戏的还是很少，如今游戏已普及到了不分老幼的时期，游戏的内容与商业紧密结合，如冲关必须购买很多装备，游戏的刺激性和吸引力也大为加强了，于是也出现了很多社会问题，如辍学的、暴力犯罪的，甚至也有六亲不认的。曾经在电视上看到一位无奈的母亲，她抱怨说儿子打魔兽游戏几乎也变成"魔兽"了，在家里打骂父母和老人。近些年甚至出现了专门戒网瘾的少年学校，戒网瘾居然和戒毒品相提并论，这是近几年出现的社会新问题。

图6　与村大学生志愿者讨论玩游戏的危害性（杨江波2019年拍摄）

　　我在高校任教以后，也了解到一些学生因为沉迷于游戏而挂科，曾经一位学生告诉我：有的同学沉迷游戏居然一个星期没出宿舍门，饿了就叫外卖，宿舍熄灯了就和衣倒头睡下，早上起来接着玩游戏。我在一次带军训的时候，也碰到过一个这样的学生：他玩某种游戏达到了山东省第二名，但却无法忍受军训纪律的约束，军训期间大多时间是缺席的。我作为指导员苦口婆心地给他做思想工作，但效果甚微，有一次因为一点小事还跳入了学校的水池里。游戏祸害如此之烈，华中师范大学有一位老教师多年以来一直致力于对于游戏祸害的宣传，却遭到了游戏商家的谩骂，我曾经给他助手打电话，当讲到游戏的危害时，我不禁流下了眼泪。

　　如今在云南偏远山区驻村，在入户时也发现了很多中小学生在玩手机游戏，有一天晚上，村小超市的老板央求我去劝导他的儿子，他儿子今年初中二年级，最近迷上了手机游戏，甚至偷钱买了一部手机，经常背着父母半夜在玩游戏，学习成绩因此也下滑。经我劝导后，他认识到了自己的错误，也和父母诚恳的道了歉。我也曾组织村大学生志愿者来讨论游戏的危害性。

因为村里的孩子大多是留守儿童，老人在家也很难意识到游戏的危害，为了容易看管孩子，往往就把手机丢给孩子。我看到这种情况很担心，我不禁想到前些年在火车上碰到一对外出打工的夫妻赶回家的情景，他们的上初中的女儿因为沉迷游戏经常逃课，老人管不了，夫妻在外打工不安心只能赶回家。联想到这些事情，我作为扶贫队员也深感忧虑，游戏本身不是问题，如何研发有益于身心的游戏是商家的社会责任，也需要政府监管部门的有力监管。如今学生沉迷电子游戏是教育界面临的一个大问题。

第四节　集体经济与个人收入：村庄所处地缘经济及谋生手段

一　地缘境况

梁河县属于民族较多，地域较小的县城。在我驻村期间，集体经济很少，糖厂是县里规模较大的企业。毗邻腾冲、龙陵和盈江三县，离著名的边贸重镇瑞丽只有两个多小时的车程。梁河县城里有著名景点土司衙门和金塔，九保亦是县城重点打造的古镇，九保是民国名人李根源先生的故乡。它位于梁河县城的旁边，土木结构的老房子不少，有的墙上还挂着些花盆来装点，特意显示着这所古镇的优雅。主街道的传统小吃店还在营业着，有卷粉、炸油香饼等我没见过的地方名吃，买了一碗豌豆粉坐在光线阴暗老房子里，一边享受美食一边看着街道来来往往的人群，倒有些复古的味道。土司衙门并不很大，门票收二十元也算便宜。它从格局上划分有居住和办公两种功能，居住的地方布局合理，分布多个院子，装饰很有边境文化特点。我印象最深的是刚进门右侧的牢房，分为男牢和女牢，空间很是局促狭小。

瑞丽风情具有典型的亚热带特点，气候要比梁河炎热很多，诸多植物是我没见过的，街上面色黝黑、穿着筒裙，拖着拖鞋的缅甸人较多。"一寨两国景区"因为和缅甸相邻，较为知名。景区不大，有佛塔、荷塘，具有缅甸文化风情的顶罐族和长颈族也在景区表演。

盈江傣族较多，有那邦口岸，但已很少开放，鸟类资源丰富，催生了一个被称为"鸟导"的职业，从梁河到盈江，沿途看到德昂族以鼓文化为特色的新村。

户撒乡是阿昌族聚居的地方，隶属陇川县，与盈江县接壤，全乡阿昌族人口大约有12007人，此地离我所住的上河东村公所大约一个多小时的车程，自从明朝随军工匠把做刀的技艺传给阿昌族以后，户撒的做刀行业很是兴盛。刀王项老赛为制刀世家，传到他的儿子已是第六代。"刀王"的称号源于乡上组织的刀会，他的刀能斩断铁钉而刀口却没有缺损，也能同时削断二十五条毛巾，毫无悬念夺得本次刀会第一名，"刀王"的称号于是不胫而走。他有四个儿子，其中有三个儿子跟他学习锻刀技术，他却希望最小的儿子能好好读书而不要再做刀匠。项老赛没有读过很多书，但他肯吃苦、能深入钻研，在锻造过程中钻研了自己独特的淬火技术，这是他成功的密诀。于是他对跟他学习的三个儿子要求也很严格，这大概就是工匠精神的传承吧！也是户撒刀驰名中外的缘由。

芒市是德宏州首府，景颇族和傣族人口较多，我曾到轩岗乡芒项村考察傣族慢轮土陶，顺着路人的指引，在村里大榕树的旁边我们找到了正在制作土陶的两位傣族老人，老人慈眉善目，很是热情，但语言沟通不是很通畅。我们拍摄了几组现场照片，也购买了十余件成品，共花费七十元。慢轮土陶保留了原始社会的制陶技艺，具有粗朴的审美特点。也考察过弄么村邵梅罕傣族剪纸文化馆，邵梅罕老人近七十岁，从小跟随长辈学习剪纸，如今被中央美术学院等多家文化教育机构聘为专家，作品亦被收藏。她的作品粗朴而具有浓郁的民族风情，题材以表现佛教节日和民族欢乐歌舞、人民辛勤劳动为主。近几年，她还把社会主题融入到创作中，如巨幅孔雀图内容结合了社会主义核心价值观。我们去拜访时提出要跟她合影，她以没有穿民族正装而拒绝了，这说明她经常出席一些正式活动，对于个人形象还是比较注意的。

腾冲人文底蕴深厚，风景优美，也是我驻村时最喜欢去的地方。我曾去三联村考察土陶产业，这个村处在风光秀丽的山水之间，村里大约有一千户人家，大约有十户从事土陶烧制经营。我们拜访的这一家主人大约有55岁，他的儿子昆明学院毕业后回到家里帮助父亲一起经营土陶商店，也曾经到景德镇学习过两年，他家里烧制的土陶大多以民间常用的大缸为主，亦有诸多茶具、花瓶等小型器物。但经营模式较为单一，美术设计人才的缺乏也使本村陶器产品缺乏文化深加工。毗邻荷花温泉有史迪威公路历史博物馆，里面收藏了大量的汽车、电话机等具有历史感的实物，这彰显了腾冲有荡人心魄的抗战历史。

二 上河东境况

（一）村情

上河东村隶属梁河县平山乡，经过查阅村委会扶贫资料，有村情介绍，转录于此：

> 上河东村距离乡政府驻地12公里，属于山区村。辖21个村民小组，共1139户4576人，主要居住着汉族，有一个佤族自然村，设有12个党支部、有172名党员。全村国土面积24平方公里，其中耕地面积7736亩、林地面积26400亩。支柱产业为茶叶、甘蔗、蚕桑、白花油茶、核桃、草果、家庭养殖、外出务工等。2019年全村经济总收入4781万元，农民年人均纯收入8500元。
>
> 建档立卡贫困人口229户953人。2014年脱贫18户83人，2015年脱贫18户82人，2016年脱贫50户232人，2017年脱贫41户170人，2018年脱贫63户260人，2019年脱贫12户42人，2020年脱贫27户84人，消除脱贫不稳定户3户13人，消除边缘易致贫户5户26人，贫困发生率从2014年的18.78%降至0%。共有兜底脱贫户11户28人。

（二）扶贫工作

我驻村扶贫行政工作繁忙，具体工作内容举例如下：填写《平山乡建档立卡户月收支情况登记表》，给分管的二十七户逐个打电话调研，询问建档立卡户的生产经营性收入、生产经营性支出、财产性收入、转移性收入和务工收入；也曾电话联系吉阳村组建档立卡户通告关于"外出务工人员稳定就业三个月申请生活补助和交通补贴"的事，我负责的吉阳村组共计15户建档立卡户。申请者要填写《稳定就业三个月收入证明》《梁河县建档立卡户劳动力转移就业生活补贴申请表》《梁河县2019年建档立卡户转移就业交通补助申请表》；核实《梁河县0—24岁文化户口册》信息变动情况，需把标注"核实"的内容重新打电话询问，核实就读年级、学校名称等内容。刚开始驻村时，因为我的手机号是北京的，所以有些村民并不接我的电话，即使接了也用警惕的态度核实我的身份。关于原因，我问了当地的工作人员，他们解释说："当地人看到外地手机号就认为这是不了解的人，就不会轻易接电话。"后来，"厕所革命"开始了，乡上开始分组分片区来填写《公厕建设情况核实表》和《云南省农村"厕所革命"户厕档案》，我分管的吉阳村组有一百多户需要逐户核实，要填写《云南省农村厕所改建排查整改表》和《农村户厕改建情况表》的电子版，其内容繁多，村里厕所大多是沼气式和化粪池式。据村民讲，化粪池式比沼气式的好用。在建设新农村的过程中，厕所是一个需要重点关注的地方，也是文明提升的体现；其他调查内容还包括：发展产业、发展规模、收入、搬迁户住房需要提升事项等信息，这些详细的信息将有助于政府来进行精准施策。当然，我在打电话过程中也遇到了一些棘手的问题，如语言不通的问题，这些情况常使我头疼难忍。

虽然繁忙，回头再看时，觉得做这些行政工作有助于我深入了解当地的村情和民情。

村里有少数建档立卡户存在"等靠要"的思想，有些非建档立卡户也有攀比不满情绪。因此，曾利用晚上在吉阳村组活动中心召开群众"感恩思进大会"。乡上的工作人员先讲了一些扶贫政策以及宣读了《做自强、诚信、感恩的平山人——致全乡广大农户的一封信》，我则从党建历史来阐述党和政府对于农民的鱼水深情，又结合习近平主席在陕北梁家河的知青岁月经历来讲述国家领导人对于基层人民生活的了解和关注，更强调了伟大复兴中国梦的历史意义和时代要求，希望每位村民都坐上复兴号列车共赴小康社会。因为白天务工，召集村民开会常放在晚上进行，若同意会议意见就需全体举手表决。在农村，村民不喜听长篇大论的宣读文件，只是要求大略的讲一下核心内容。

（三）其他情况

村里的红富新村用的是灰瓦青砖，整体色调呈青灰色，很多墙体上画满了丙烯壁画，看得出是特意要营造新村气象，数量很多，内容上分为田园丰收和孝悌美德等几个版块。佤族自然村——杞木寨是位于山谷对面的村子，村子目前还居住有三十几户人家，不大但很整洁，印象深刻的是：路硬化得很好，老式泥坯墙的老房子较多，很有些原生态的特点。民居基本上还保留了土墙瓦顶的特点，因为扶贫帮扶政策的实施，村里的水泥路和石头路也修得很好。虽然是佤族自然村，但日常生活基本上被汉化了，只有村口修建的寨门还保留一些民族文化的特点。

接触到贫困户中的缅甸媳妇，那户人家男主人看起来倒是憨厚，只是家徒四壁。据说缅甸媳妇来到中国是没有户口的，但所生孩子可以有当地户口，这也许是边境存在的一种特殊的生活现象吧！

村里也会出现外地人经商创业，如村中心超市的老板是湖南人，他在乡里也开了一家超市，其爱人是本地人。他父母从湖南来这里帮忙打理这个新超市，但因为和村民发生过冲突就换了他儿子来管理了，对面地理位置优越的五金超市也是湖南人所开。据村里人说，这些外地人做生意因为有进货资源和经营理念的优势，往往比本地人赚钱。山东老乡我也看见过一位，一天我正在出租屋做饭，突然闯进一个男青年问我是山东哪里的，交谈之下才知道对方是山东菏泽老乡，于是邀请他进屋坐了一会儿。他的爱人是本地人，是乡里另外村子的建档立卡户，他想利用国家对于建档立卡户的优惠政策发展产业，如大棚蔬菜种植。我们交谈的内容涉及当地人的思维、物产、生活习惯等。后来他又邀请我去他家里做客，席中一位刚从缅甸回来的老乡谈了很多国外的情况。

当地人多出去打工，也有回乡发展产业的意愿，曾有一位回乡的村民咨询过我有什么好的项目可以发展。但当地人对于经商方面缺少思路和冒险精神，在生活上也容易知足，这也是我们目前扶贫工作遇到的一些难点。如何做到真正地从长远上帮扶脱贫，提升劳动力自身的素质和内动力是必须要解决的问题。

三 腾冲的启发

为了解本地抗战历史和缅怀滇西抗战英烈，也由于要创建上河东村史馆，我也很关心上河东在抗日期间的一些情况，但经过几次调查，只是听说日军曾经经过村庄附近，村民中参军人数也并不多。因此想要了解本地的抗战史，就需要到腾冲参观国殇墓园。清明节是祭奠先人最好的日子，通过参观也引发了我在文化扶贫方面的一些感触。

（一）腾冲抗战简史

腾冲荷花的史迪威公路博物馆我去参观过几次，那是一所民间人士创办的爱国主义教育基地，收藏了大量的历史文物和当地的风俗物品，其中以老

第二章 上河东镜像

式汽车为多。国殇墓园则以收复腾冲阵亡将士的墓地为主体，让人在现场感受抗日战争的血雨腥风与伟大的爱国主义精神。一座火山山包就是公墓，四面八方密密而有秩序地伫立着阵亡将士的墓碑，从军衔上看，有上等兵也有少尉、中尉等，这些墓碑宛如将士现场列队，耳边会响起震天撼地的血性呐喊和隆隆炮声。对此有感，我写有诗句"滇西碧血千秋洒，河岳凛然剑影寒。到此才知滇缅路，[①] 不觉泪满步蹒跚。"腾冲抗战是惨烈的，惨烈得让人不能想象，其间经历各种战役四十余次，我们远征军军官和士兵伤亡共计一万九千多人，民众死亡六千多人，而日军的死亡人数仅有六千多人。为什么会是这样的状况？腾冲是滇西最好的城市，其城墙和房屋均用当地的火山石砌成，是一座名副其实的石头城，坚固无比。日军在侵占的两年多时间里，利用民房修筑了大量的地堡工事，形成了"家家设防，巷巷筑堡"的精密军事防御，又囤积了充足的弹药和军粮，何况城边的两座山是其制高点，真所谓易守难攻。从中国军队来讲，开初采用云梯登城的方式来围攻，也是为了保护这座具有五百年历史的古城。但大量的伤亡让军队将官不得不求助于盟军的战机编队，于是战机携带最大个的炮弹对城区进行了地毯式的轰炸，中国军队从城墙缺口涌入，与日军进行了艰苦卓绝的巷战，这称之为"焦土战"，最终把腾冲收复，但日军以伤亡三千人的代价换取了我们九千名将士的生命。此时腾冲民居的房顶已无一户是完整的，树叶上的弹孔也多不胜数，战争的惨烈可见一斑。虽然中国军方伤亡是如此的惨烈，但它的意义还是重大的，这是自抗战以来，中国军队收复的第一座日军控制的县城，极大地鼓舞了全国军民抗击日寇的决心，也为以后战役的胜利奠定了基础。

滇西抗战除了腾冲围歼战之外，重要的战役还有松山攻坚战，以及龙陵大会战。在粉碎了日军速战速决的阴谋后，日军妄图切断中国对外联系的国际通道进行持久战，由于滇缅公路这条大动脉对于战略有着重要意义，中国政府派遣了十万远征军参与了滇西保卫战。

在日军控制这一地区的两年多的时间里，军国主义犯下了累累罪行，派飞机轰炸平民，投放鼠疫、霍乱等病菌，大肆抢掠和烧杀，当地百姓处在水深火热的环境，哀声遍野。据统计，房屋被毁近三万间，平民惨死近十万，

[①] 滇缅公路是指从中国云南到缅甸的公路，此公路是动用民工15万人于1938年开始修建的，是抗日战争期间中国与外部国际援助联系的唯一运输通道。

图 7　和顺乡村图书馆正门（纸本水墨　杨江波 2019 年写生）

民夫牺牲近三万。令人发指的是日军居然实行细菌战，仅在腾冲，被瘟疫夺去生命的就有一万多人。惨烈之状，难以言表。

腾冲虽然遭受了侵略者的铁蹄蹂躏，但一批爱国文人充当了危难时刻的民族脊梁，令人感佩。日军要来的消息传到腾冲，当时县政府官员马上携带家眷和财宝，撇下民众仓皇出逃。六十二岁的晚清秀才张问德被临时选举为县长，他发动群众抗日，不顾高龄六渡怒江，八越高黎贡山，使得腾冲军政在敌后得以保存。占领军的首领田岛以高官厚禄引诱他投降，被他一纸《答田岛书》严词拒绝，其语调激昂，铮铮铁骨立于天地。在腾冲抗战期间，他发动群众运粮支援前线，但腾冲光复后又挂印而去，无丝毫居功自傲之气，只是轻描淡写地说了一句："我只是中华民族的读书人。"正是因为腾冲自古重视人文教育，才出现了像李根源、张问德、艾思奇等著名爱国文人。

（二）腾冲文旅

如今的腾冲生机勃勃，"极边第一城"的称号为它带来了丰富的旅游资源，它的成功在于充分挖掘本土历史文化资源，以文化来拉动经济发展水平和提升本地民众的生活幸福感。"滇西抗战纪念馆""李根源故居纪念馆""火山公园""腾冲中医药博物馆"等文化机构纷纷设立，市里叠水河瀑布也是有名的景点，我曾赋诗"龙洞垂帘吐玉珠，紫烟氤氲道家壶。落潭散作小流去，直入深山归太虚。""皮影""油纸伞""宣纸"等非物质文化遗产得到传承与保护。作为乡村振兴的典型，习主席在 2020 年春节期间视察了和顺古镇和莫拉佤族村。和顺古镇是我考察了几次的地方，我感兴趣于它的文化氛围，古镇里有一所和顺图书馆，也有纪念益群中学首任校长的雨洲亭，古镇里乡风淳朴、环境优美，诸多宗祠和古树构建了它的人文感，游客流连于村口、巷里，在老房子里住住民宿，在商店里选购土特产，这是典型的以文化来带动乡村经济发展的实例。

参观国殇墓园了解了这一段血与火的滇西抗战史，对于此地英雄人民顿发敬意，对于今天的和平生活也愈加懂得珍惜，也充分意识到国家国力强大对于民众幸福生活的重要性。党和政府不会忘记英雄的人民，实施精准扶贫工作已为乡村全面振兴打下了良好的基础，充分挖掘历史人文既可以激发民众对于今天幸福生活的珍惜，又可以以人文来带动本地经济的发展。

（三）腾冲发展之启发

了解了这段滇西的抗战历史加强了我对于这片土地的了解和热爱，或者说在心理上多了很多敬意，本地人民对于抗击侵略者所做出的贡献已镌刻在历史的丰碑上。我认为作为扶贫队员要熟悉了解本地的历史文化，这样才能更好地焕发出工作的热情，更多地生发出为当地民众谋福利的心态，也才能因地制宜地制定扶贫方案。

但最担心的是"由于贫困主体认识不到贫困，形成一种所谓的'贫困文化'，并通过这种文化在贫困主体代际之间进行传递，形成贫困的恶性循环，而使扶贫者的资本下乡、文化下乡、政策下乡受到贫困主体内心的排斥，使相应措施不能产生应有作用。"[①] 另外，曾在乡政府三楼会议室观看省委组织部召开的视频会议。省扶贫办考核评估处罗宏做了《牢牢把握贫困退出标准，不断提升驻村攻坚能力》的报告，内容有三：第一，"三个基本途径"，深入把握贫困人口退出标准；第二，准确掌握贫困村退出七条标准；第三，结合职责，不断提高驻村帮扶攻坚能力。省教育厅基教处刘刚做了《扎实抓好控辍保学 坚决打赢脱贫攻坚战》的报告。他谈到了当前云南省基础教育的体系、结构、保障能力和发展水平等，指出全省基础教育发展主要指标远低于国家平均水平，主要体现在学前教育和高中阶段教育的规模发展还未完成。在保障义务教育方面有三种措施：1. 法律保障；2. 办学条件保障；3. 公平保

---

① 徐勇主编，邓大才等著：《反贫困在行动：中国农村扶贫调查与实践》，中国社会科学出版社2015年版，第566页。

障。作为驻村队员在教育脱贫攻坚战中的任务是配合村组做好辍学学生的劝返工作。

作为梁河，由于县域面积相对较小，集体企业数量不多，另外对于本土文化还没有充分进行挖掘，目前来看其文化品牌效应还不够。其实，梁河也有自己的文化资源优势，如果说腾冲主要彰显打造汉族文化特色，梁河则有多民族文化融合的优势。本县有傣族、景颇族、佤族、傈僳族、阿昌族等少数民族，相比于腾冲的汉族人口占比92.4%，梁河汉族人口只占65.4%，而且全国三个阿昌族乡，在梁河就占了两个。此地各民族在长期共同生活中文化互相影响，在历史长河中创造了璀璨的边境多元文化，如能充分挖掘民族文化亮点，就可以进一步打造和谐的民族文化氛围，甚至可以与腾冲的旅游资源互为补充，进一步拉动县域经济。目前，梁河县政府已和冕莱科技（云南）有限公司达成协议，公司计划投资35亿元人民币建设中草药种植基地等综合文旅康养项目，这为梁河县发展注入了新的活力。

我所驻村的上河东人口有4576人，分为14个自然村，21个村民小组，共有229户建档立卡家庭，贫困发生率约为1.86%。其中界端村是最古老的自然村，古井泉、大榕树和神庙是其重要的历史遗迹。如何充分发挥村民主体性挖掘本村的文化，恢复其文化上的自信与自觉是智力扶贫的重要内容。"扶贫工作成效如何，不仅需要扶贫对口接地气，而且需要工作人员的高度负责，不以政绩和成效为导向，而以农民利益为目标。"[①] 这虽然是一个平常的村子，但再平凡的地方也会有它的闪光点，我经过调查发现本地富有中草药资源，另外本村基本上为汉族人，重视文化教育的特征很明显，扶贫调查数据也表明：文化程度越低的村民，其经济状况越差。"教育是一个重要的反贫困手段，主要在于改造贫困文化中思想观念层面，培植一种后喻文化，影响贫困文化的代际遗传。"[②]

因此，建造一所乡村书院是很有必要，以书院为中心继续打造村史馆和界端古井泉文化小公园，这样可以大大增强村子的文化氛围，也可以为乡村振兴打下文化基础，进一步吸引相关人才和资源来共同建设上河东村。

[①] 徐勇主编，邓大才等著：《反贫困在行动：中国农村扶贫调查与实践》，中国社会科学出版社2015年版，第382页。

[②] 顾建军：《教育与反贫困》，南京师范大学出版社1999年版。

第三章　上河东乡土

在上河东村进行艺术乡建不是强势引进外来文化，而是要以一双发现美的眼睛来观察此地的自然风物，在与村民的互动中了解对方需求，并吸引村民参与进来共同打造。好的艺术乡建应该像制作一个根雕艺术品，即根据树根的本身美的条件来用最少的雕琢激发它本来天然的美感。我驻村两年，深刻感受了它的自然、民俗，我也背着竹筐，穿着当地解放鞋，戴着草帽，这种状态能较好地融入当地的生活，做一位乡村生活的参与者。

上河东乡土之美在它的四季之变换，在它的四十年前手工铺就的碎石路，在那高亢而充满情感的山歌，在那传承至今的民族节日，也在那云，那月，那人……

第一节　民族节日

一　葫芦丝节

梁河县是世界葫芦丝发源地，勐养帮盖村有葫芦丝大师哏德全的故居，村里的人几乎都会吹上几首葫芦丝乐曲，是名副其实的葫芦丝之乡。梁河县政府为了打造文化品牌来带动县域经济的发展，每年都会举办国际葫芦丝文化旅游节，2019年梁河国际葫芦丝文化旅游节在8月8日开始举行，历时三天。具体活动时间安排如下：8月7日迎宾晚会，8月8日开幕式和民族篝火狂欢，8月9日民族篝火狂欢，期间还有在县委礼堂和遮岛小学举办的国际葫芦丝大赛。

我无论作为一个艺术教育者还是作为艺术创作者，都应该去参与体验这场盛会，因为梁河县有十三个民族，民族文化的丰富多彩与生态环境的优越性造就了这一片边陲沃土。但如今的云南，随着高科技的盛行，民族文化也逐渐淡出了生活舞台，除了寨子里的老年人由于生活习惯使然还穿着民族服饰之外，年轻人只有在节日里才穿上民族盛装，也只有在节日才能感受到浓郁的民族风情。

图1 身着民族盛装的市民在金塔广场围着篝火联欢（杨江波2019年拍摄）

在葫芦丝节开幕的第二天晚上和领导请假报备后，我驱车下山来到县城的金塔广场。晚上八点钟，这里已是人山人海，警察也拉起警戒线来维持秩序。各种小商品琳琅满目，小贩们热情的招徕生意，有卖水果的，有卖服装的，还有热闹的游乐场，孩子们牵着大人的手兴奋的跑来跑去。在广场中央已搭起华丽的舞台，也点燃了几个大火盆，熊熊燃烧的火光照亮了正在排队跳舞的人群，这是我最感兴趣的。大家跟随着领舞者的节奏韵律一起扭动着身体，欢乐的气氛逐渐达到高潮。我不由的也插入队伍来"滥竽充数"，但不擅长舞蹈的我只能重在参与了。两个小时后狂欢结束，我参观了现场卖傣锦的摊位，梁河著名的回龙茶，现场还展示有像野灵芝、皂角米、茶油这样的地方特产。

第三天晚上来到金塔广场看葫芦丝文化旅游节的篝火晚会，今晚的节目由傈僳部落和阿昌族来表演的，有阿昌族的蹬窝罗、山歌对唱，以及傣族传统棍术表演等。其中印象最深刻的是非物质文化遗产艺术展示，中间的阿昌族表演者吹着西洋乐器，两边有两位妇女捧着乐器配合着他舞蹈，其中有牛角做成的乐器是很奇特的。这种土洋结合显得滑稽有趣，它代表着本土文化与外来文化的交流与融合。

没有不散的宴席，狂欢在午夜逐渐冷却，只有囊滚河的流水在桥下川流不息。巍峨的金塔在夜光下熠熠发光,明日迎接梁河县城的又是喧哗与繁荣。

二 新米节

梁河县第八届佤族"新米节"今年在上河东村举办,听到这个消息,我自然是高兴的——对于佤族文化我是既陌生又好奇。知道佤族这一族群还是去年来昆明工作面试的时候当地朋友告诉我的,因为高原紫外线的缘故,我对于云南人的初次印象就是皮肤较为黝黑,但看到有些人出奇的黑就让我感到有些疑惑,也得知这一族群就是佤族,他们是以黑为美的民族。后来到梁河县平山乡参加驻村扶贫工作,得知本村的小杞木寨就是佤族民族自然村,它位于山谷对面的半山腰上,因为慕其风景优美我也曾经穿过山谷来参观过小杞木寨几次,但这是一座已被严重汉化的民族村庄,佤族的文化并没有留下很多痕迹,因此我也没有从深层次上再考察其文化。

图 2　佤族群众在"魔巴"带领下进行"新米节"祭祀仪式表演,
祈祷来年丰收(杨江波 2020 年拍摄)

梁河县的佤族主要聚居在小杞木寨、囊宋乡的孙家寨以及遮岛镇常寨和龙窝寨,人口总计一千余人。它在德宏生活的历史悠久,据《南甸土司家谱》记载:"本司民族其先为崩龙、卡那二族。"据当地佤族学会专家介绍,"卡那"指的就是佤族,"崩龙"则指德昂族。解放前的佤族自称为"大汉人""守土人""本人族",1984 年开始统称为"佤族"。我们小杞木寨始建于1481 年,距今已有 538 年的历史了。在漫长的历史进程中,形成了佤族人民粗犷豪迈的民族性格,他们依靠自然而生存,于是形成了尊重和敬畏自然的文化。"新米节"就是出于感恩和颂扬的目的而设立的活动,在活动上,佤族人民通过载歌载舞的形式展示劳动生产之美和感恩自然之心，也在一定程度上达到了团结族人达到和谐生活的目的。

庆典活动从前一天就开始准备相关布置工作了，在通往村委会活动现场的路口，工作人员用竹子搭起了寨门，上面用石松缠绕装饰，沿途还插上印有图腾和文字的彩旗。"石松"的土名又称"狮子毛"，它是一种名贵的中药材，根茎可以制作淀粉，也有很好的装饰作用。现场的布置也颇具民族特色，柱子上绑上新砍下的芭蕉，舞台角落堆放着新收的玉米、瓜果等农产品，除此之外，还放着一些农具。开幕这一天，穿着各式民族服装的佤族人民兴高采烈，但肤色并不黝黑，这打破了我对于佤族人的原初印象，其原因还不得而知。上午是签到时间，中午在红富村的村民活动中心吃过午饭后，下午两点庆典文艺活动正式开始，首先由主持人介绍一下本县佤族情况，然后领导致辞，强调提出本此活动可以促进民族文化自信，受邀的佤族文化专家和当地领导相继发言，发言内容既介绍了佤族文化又表达出政府支持民族文化发展的决心，强调通过活动来彰显其文化自信从而达到脱贫致富的目的。活动的开场是我最感兴趣的，最开始是头戴鸡翎的萨摩带领佤族群众举行传统祭祀仪式，旁边有一年轻人用佤语念念有词。舞台装饰大多用砍下的芭蕉以及新收的农产品，祭祀仪式道具也是锄头、弓箭等日常劳作的用具，帽子上插着翎毛的带头人率领手捧农作物和农具的佤族群众举行了祭祀仪式，祭祀应该是最能体现民族文化心理的一种活动。木鼓被认为可以"通神"，自然也是活动上最核心的道具。

文艺节目丰富多彩，既有本民族歌舞表演，如佤族舞蹈以及山歌演唱，也有其他民族的友情出演，如傣族艺人表演了葫芦丝乐曲《月光下的凤尾竹》。民族舞蹈动作简单、节奏强烈，整体风格显得原始粗犷。看到这些村民的舞蹈，我不由心生感慨，他们不是专业的舞蹈演员，也没有美丽的形体，但是对于劳动生活的感受和热爱是强烈的，感情是真挚的，因此他们的舞蹈表演也会形成强烈的感染力。这也是民间艺术重要的表现特征，他们永远是把真挚的乡土感情放在首位，这种情况在当地唱山歌上也体现得淋漓尽致。但现在由于原生态文化的淡化，佤族群众在参加庆典时穿的衣服基本上都是机器做出的廉价物品，有工作人员专门在门口发放，在这时穿民族服装变成了特意渲染气氛的一种方式，这也说明了当地佤族文化的淡化趋向，这在一定程度上会带给做田野的艺术家和学者些许失望。

最后围着敲响的木鼓进行舞蹈的广场舞是本次群众联欢活动最后的高潮，围成圆圈的队伍跟着木鼓节奏缓慢地跳动。我不禁加入了队伍，但看似简单的舞蹈动作也因不熟悉而手忙脚乱，也会产生因为跟不上节奏而产生有些羞愧的心理。

新米节圆满结束了，对于农民来讲，收获结束就意味着新的开始，人们永远在尊重自然的基础上探究和谐生活的途径，祝愿国家风调雨顺、所有人幸福安康。

三　山歌会

9月18日平山乡山歌协会成立，第一届联欢地选择在上河东界端村民活动中心。下午三点左右我去村民活动中心去观赏，这是一个了解当地民俗文化的一个绝好机会。来了大概有二百多人，其中也有部分阿昌族和傣族，他们身着盛装在舞台上一展歌喉，山歌大多声音嘹亮，唱起来有欢快的感觉，表达了人们对于幸福生活的向往和对于党和政府的感恩之情。我拍了很多视频和图片，也在现场画了几张速写作品，掌握了第一手资料还是满心欢喜。

我下午一点多又来到现场，看到来宾人数大约有三百人，涉及傣族、阿昌族、汉族三个民族，院子里绑了很多小彩旗正在随风飘扬。十多位妇女正忙着炒菜做饭，已经到了的会员正三三两两地围坐叙谈，新会员则忙着办理会员证。据说每位会员要缴纳五十元作为会费，另外还有两位村里的老板分别捐赠了二百元和五百元，这也在一定程度上补充了大家聚会活动的资金来源。

和城市人讲求效率不同，当我询问村里的人活动几点可以开始的时候，是没有人可以准确告诉你时间的，尤其在这样的娱乐场合更没了时间观念。下午三点饭毕，一帮身着盛装的阿昌族妇女开始在舞台上跳舞，这热场的节奏宣告着歌会即将开始，我赶紧站在前排位置等待时机拍摄。她们根据音乐节奏缓慢舞蹈着，相互配合默契，周围的工作人员则忙着调试音响。

男女主持人的形象较好，在会员中也算是"美女"和"帅哥"级别的，令我感兴趣的是：他们为了显示隆重居然是用半生不熟的普通话来主持，要知道这里村民极少讲普通话，我用普通话打电话给村民时也时常会被警惕性地询问，反复确定身份后才予以配合。

首先上场的是山歌协会会长，这是一名不善言辞有些秃头的健壮中年男人，上来强调了一下参会卫生问题就匆忙下场了。山歌表演因为主题是情歌对唱，所以一般是男女搭配分组进行，每一组限唱四首。从着装上看，会员们应该是把家里最好的衣服穿了出来。少数民族当然是盛装出席，汉族在这种场合也会着意打扮一下自己，有些妇女舞蹈组合穿着统一的演出服，但样式却很像少数民族的风格，男人穿着则较为随意，戴条领带也算比较正式了。虽然农村的整体气质是粗朴泼辣，但在这种人多的场合，歌手一上来不免还有些羞涩紧张，嘹亮高亢的歌喉一旦打开，也很快会进入状态，甚至配合上了手势和眼神，这会大大增加表演的感染力，由于有些内容带有大胆的幽默感而使场下的听众乐不可支。舞台上歌手认真专注，台下则一片喧闹，这和在城市听音乐会不同，这种自由喧闹的气氛也许更符合山歌演唱的地域特点。在演唱间隙，我注意到舞台柱子边侧居然装饰着一棵新砍下的芭蕉，我很好奇它靠什么来存活而不至于被烈日晒蔫，过去一看原来在根部包着盛水的方便袋，这不禁令我哑然失笑。

图3 唱山歌是当地村民们最喜爱的娱乐活动（杨江波 2020 年拍摄）

第二天人数增加了不少，看见门口也停放着一辆救护车以备急用。和昨天不同，到处可见身着统一服装的组合，这引发了我拍照片的兴趣。当看到一些奇特的服装时不禁询问是属于哪个民族的，却被告知是汉族，这样样式的服装在内地是看不到的，看来民族文化之间的融合在当地是常态，也是值得研究的。另外，今天的歌会现场增加了两名击鼓手，每当一个节目结束就会有节奏地击鼓，这无疑也增加了一种仪式感。晚上九点半，别的扶贫队员喊我去再看山歌会，我才知道歌会居然还没结束，看来本地普通民众对于山歌的热情真是很高涨。

村民们在辛苦的生产劳动之余放声歌唱，极大地调剂了其精神生活，联欢会要持续两天，这不但是一种娱乐方式也是村民们交谊交流的重要场合。在多民族生活的地区不同文化是如何交流融合的，乡村文化又要如何振兴，在国家倡导乡村振兴的今天这些内容都需要我们去努力挖掘和研究。

四　界端小学的"六一儿童节"

著名伦理学家万俊人说"教育的本质是人的完善，也就是以开启人类心智潜能和培育人类道德品格为基本方式，来提升人的知识水平、生活工作能力或技能、人格道德境界。"[①] 乡村在振兴过程中，也会出现这样或那样的问题，如外出打工的人数很多，还有由于家长文化程度偏低，不能很好的配合学校的教育，这些都会带来问题儿童和留守儿童的问题。因为隔代的原因，高年级女生首次来月经也很难得到爷爷和奶奶的帮助，另外，大多数乡村小学住宿生都没有洗澡条件，乡上的中学生也只能洗凉水澡，界端小学罗保萍校长在介绍留守儿童状况时忍不住流下了眼泪。曾有几名村小学生来书院玩，我经过交谈得知：他们都是留守儿童，其中两名的父母还是离婚的。日益严峻的农村留守儿童的问题应该引起全社会的关注，我曾经写过一篇散文短诗"妈妈在梦中"，内容如下：

> 童年里的蛙鸣
> 那是村中的天籁
> 妈妈的怀抱
> 是我梦中的港湾
> 羊儿的背影消逝在夕阳的余晖
> 炊烟袅袅
> 星月交辉
> 妈妈啊，妈妈啊
> 我最爱梦乡
> 那里有您坚实的背影

[①] 万俊人：《寻求普世伦理》，北京大学出版社2009年版，第333页。

那里有您温暖的笑容
……

另外，近些年来在农村愈来愈高的离婚率也引发了儿童教育方面的问题。作为贫困村，上河东低收入家庭较多，"低收入家庭的儿童，不仅在他们的社会价值体系方面同中产阶级的儿童有所不同，而且在对职业的选择的方面也不相同。中产家庭的青少年和他们的家长更关心的是公共事务、自我实现、利他主义的价值观，因此他们更偏爱和追求受欢迎、负责任和有威望的职业。反之，低收入家庭的青少年及其父母，则更强调金钱、安全感、体面这类价值观，因而他们往往更喜欢农业、机械、家庭事务与办事员这类职务。在学校里，他们比中产家庭的学生对表扬和物质奖励这类诱因更易做出响应。"①

为了更好的关注这一群体的健康发展，也为了凸显云师大教育帮扶的优势，云岫书院募集到社会爱心资金近万元，并分两次于2021年1月18日交到小学校长罗保萍的手中。

界端小学位于上河东界端自然村，两座漂亮的小楼在村中格外引人注意，重视教育即是重视村子和家庭的未来，这在村民的心中已达成共识。据罗保萍校长介绍，小学生中民族众多，有汉族、佤族、傣族、彝族、白族、阿昌族、景颇族。界端小学受到云师大、梁河县总工会、德宏州总工会三家单位帮扶以后面貌变化很大，教学硬件设施齐全，有教工宿舍、学生宿舍、教学楼、食堂等，旁边还有一座新教学楼正在施工，教师的学历层次通过函授教育也基本提升到了本科水平。我处在这个环境，看到天真活泼的小朋友，不知为何眼睛里竟然涌出了泪水，或许是因为他们山里娃的淳朴性格，或许是因为其好学的精神，我自己也说不清楚。

"六一儿童节"自然是儿童们的节日，但我们扶贫队员和村领导也被邀请过来共享节日的欢乐。儿童是纯真的，也是未来生活的主人，我喜爱儿童，因为他们的身上有天然的美。明朝思想家李贽有"童心说"，自此"童心"一词有了文化上的审美价值，当然早在老子时期就提出了"返朴归真""专气致柔"的思想。

---

① 邵瑞珍主编：《教育心理学》，上海教育出版社1997年版，第372页。

学生们已在老师的指挥下各安其位，他们环绕出一块表演空地，首先由校鼓乐队的交响乐曲拉开了节目的序幕，小乐手们全神贯注的表演，稚气的脸庞上镶嵌着一双双明亮的眼睛，大概在他们的心中世界是新鲜而又美好的，所以弹奏出的乐曲洋溢着天真烂漫的听觉效果。节目很丰富，我最感兴趣的是学生集体吹奏葫芦丝乐曲的节目，最后全体学生跳阿昌族的蹬窝罗，这两个节目很能体现民族地区的文化审美特点。阿昌族的蹬窝罗集体舞蹈由老师和身着民族盛装的学生引导，在老师的邀请下，队伍在不断扩大，节日的气氛逐渐被推向了高潮。我不觉也被这种气氛所感染，几次跃跃欲试。

教室的旁边正在举行本校学生的书法和绘画展览，绘画充满着想象力，从中可以看出贫困村儿童对于美好生活的渴望。当我看到墙上挂着的两幅画，心中顿时充满了感动，画作的题目是《心中的图书馆》，他画的图书馆干净整洁，各种各样的图书放在书架上。因为我正在筹备"乡村书院"，看到这两幅画对建立乡村书院的意义更坚定了信心。

图3　正在书院创作水墨作品《乡村六一》（王新鑫摄影）

这次"六一儿童节"是我来云南后第一次参与的儿童节日，内心的感动自不消说，眼泪也曾打湿了我的眼眶。孩子们，祝你们健康成长，我们云师大的老师也会经常关注着你们。

第二节　家谱与祭祀

一　家谱

家谱又称族谱、支谱等，是记载一个家族血缘累世繁衍情况的重要的文本，是古代文化中宗法制度的文化呈现形式之一。它对于历史学、社会学、民俗学等方面的研究都具有很大的参考价值，明清两代编纂风气最为浓厚，修谱可以明辨伦理和团结族人。族学的消失在某种意义上也许是中国文化的损失。对于家族来说，族学的存在对于家族性格、家族生活传统、家族道德风气的培养，对于一个人家族归属感的形成也具有非常重要的意义。[①] 对于家族治理来说，读书可能只是一种工具，而真正想要家族持久绵延，道德才是最重要的因素。[②]

灵活或者松散的家训与家风，实际上可以借助情感的力量对后代产生极为重要的影响，是传承先人思想的一种极为有效的途径。[③]

我在团树自然村入户调研时，也请这家张姓村民拿出他的族谱来研究。他的儿子今年二十八岁，但说不清族谱放置的地方，待到他的父亲背猪草回来后才找到。这是一本厚厚的精装印刷的族谱，看得出来其家族对于族谱很重视，每家都分得一本留存。在北方，族谱文化已经淡化，很多人给孩子起名字也没有严格按照"论字排辈"这个理念了。比如，我应该在家族谱系中排"叁"字辈，但已在外工作多年的父母觉得"叁"字不很好听，于是改为"波"，我叫江波，我弟弟叫伟波。我和弟弟高中毕业后分别奔赴外地求学和工作，弟弟远在江西，我则安家在更远的云南。于是也常常跟父母开玩笑说："因为起的名字有'波'字，所以才会飘泊到远方。"

但在现代社会，尤其在北方，家族的观念日趋淡薄，"随着家族观念的消失，而社会观念渐趋认为，一个个独立的个体有了独自在社会上生存的能力，而且这种'独立自主'的生活观念还是一种被提倡的好观念。在这种情况下，虽然一些人身上还保留着曾经存在的家族性格、家族风气，但是家风继续传

[①] 王立刚：《读书传家继世长——何溥与何氏家风》，大象出版社2016年版，第55页。
[②] 王立刚：《读书传家继世长——何溥与何氏家风》，大象出版社2016年版，第98页。
[③] 王立刚：《读书传家继世长——何溥与何氏家风》，大象出版社2016年版，第203页。

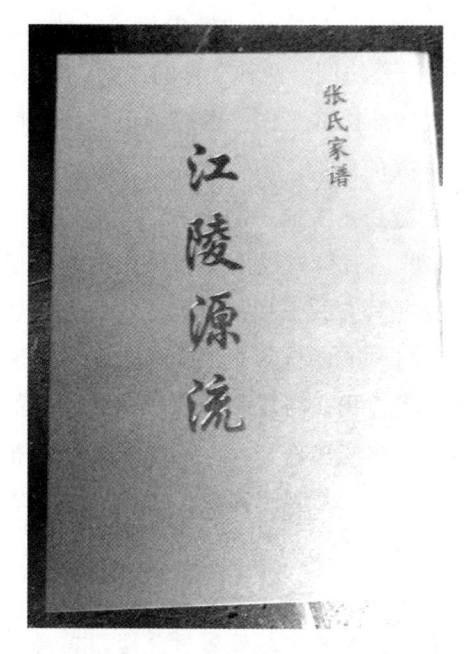

图 4　建档立卡户家中珍藏的家谱装帧精美
（杨江波 2019 年拍摄）

承的土壤却处在正被消解的状态中。"①

　　云南远在边陲，这里风气相对比较保守一些，于是编修家谱这一传统风俗被比较完整地保留下来了。但据我了解，上河东村的祭祀仪式倒不是很隆重烦琐，只是在清明节大家一起上坟祭祀一下，而大一些的家族祭祀团聚则每三年举行一次。我对于族谱感兴趣是因为上面的"家训"内容，家训内容基本是勉励子孙老实做人、勤劳致富的，比如这家张姓家训为"百忍家声"和"孝悌传家"。另外，户户在家中最重要的地方悬挂天地祖宗牌位，我去芒市西山乡参加普查工作时也发现这样的情况，在村庄里区分汉庭和少数民族家庭的重要标志是有没有悬挂这个牌位。这符合埃里克森认为的安全认同的缺乏（认同危机）会使个体体验到生存威胁和焦虑。另外，"当身份认同受到威胁的时候，个体将强化已经获得的认同或者主动寻求一种新的身份认同，保卫或改善身份认同的驱动力可能具有冲突性"②。因此，上河东村汉族村民

---

① 周星、于惠芳主编：《民间社会的组织主体与价值表述》，北京大学出版社 2010 年版，第 203 页。
② 周星、于惠芳主编：《民间社会的组织主体与价值表述》，北京大学出版社 2010 年版，第 200 页。

普遍供奉天地君亲师，也是在异文化地域中特意强化自己的族群身份认同，为了生存，也有意或无意地协调着两种文化的冲突。

我们目前在村里做精准扶贫工作，也应该把好的家风和村风树立起来才能从根本上解决乡村振兴的问题。有一次对上河东人居环境提升进行验收，我和乡上的尹自廷和村监委张主任一起来到白草嘴、红卫村、杏红村，以及集益村进行入户测量验收。有位村民前些日子因为和村里的人发生争执而心生怨恨，居然夜里偷偷把对方的玉米都砍倒了，因此被警方拘留了七日。法律意识如此淡薄，看来村风的建设很重要。另外从教育来讲，幼年时期的性格塑造将会影响人的一生，我在高校教书多年，我所在的高校学生大多来自农村，学生在成年以后想改变性格和一些习惯就需要下很大的力量才行。因此，高校育人亦要关注到乡村家风的建设，杨春华在《农村家庭教育的学校化倾向》一文中亦有新的思考：

> 外出农民自身经历的变化，带回新观念新信息，对促进农村当地文化观念的转变，有很大的作用。其中一点，是对孩子教育意识的变化。在城市文化占社会主导地位的时期，城市家庭中对孩子的教育模式和评判指标，可能成为农村家庭效仿的对象。[1]
>
> 一月一次的回家时间，使学生的日常生活完全围绕学校生活展开，这使学生渐渐疏远了家庭生活，造成学生与家庭生活的隔离。[2]
>
> 在可利用的社会资源非常有限的背景下，对于农村孩子来说，学校成绩是他们唯一可以利用的进学资本。……"成功教育＝上大学"的理念，被强化被合理化，成为主流教育理念。[3]
>
> 农村家庭教育的学校化倾向，是现行学校教育评价体制带来的后果。[4]
>
> 父母教育意识的形成，不仅与家庭背景文化水平有关，更为重要的是它还与社会变化和社区文化有密切关系。因此加强农村社区文化的建设，是改善家庭教育状况的有效途径。[5]

---

[1] 高丙中、于慧芳主编：《国家在场的社会事业》，北京大学出版社2011年版，第80页。
[2] 高丙中、于慧芳主编：《国家在场的社会事业》，北京大学出版社2011年版，第87页。
[3] 高丙中、于慧芳主编：《国家在场的社会事业》，北京大学出版社2011年版，第91页。
[4] 高丙中、于慧芳主编：《国家在场的社会事业》，北京大学出版社2011年版，第93页。
[5] 高丙中、于慧芳主编：《国家在场的社会事业》，北京大学出版社2011年版，第93页。

从以上资料可以看出，当下农村由于生活方式的改变，学生受家庭的影响也在减弱，村民因为外出打工带来新的观念，于是教育意识也会有相应的变化。因此，在乡村振兴的过程中，还要注意通过改善农村社区的文化环境来提升家风的营造，进而使学生在蒙学阶段受到好的影响。

图5　上河东村丧礼法器（李根近提供图片）

中国目前正逢民族复兴的历史关键点，作为大国既要包前孕后又要继往开来，因此继承弘扬优秀传统文化并进行现代化的转化是很重要的。

三　祭祀

腾冲和顺古镇文风以前很昌盛，碰见几户办丧事的人家，门前几乎都贴有手写对联来表达对亲人逝去的哀思，这显示出历史文风直到现在还留有余韵。

上河东村里老人去世以后要请"先生"来做法事活动，根据主人意愿选择"大法事"或者"小法事"，有"内朝"和"外朝"之别，若两个一起做就称为"满朝法事"。到了夜里，寨邻要来丧堂唱孝歌，出丧时，主人家亲戚要来举行祭奠仪式：死者子女跪在棺木周围，安排两个人专门献祭礼，亲戚进香和祭酒，最后宣读祭文结束仪式。抬棺出大门还要绕棺，然后送山安葬。葬后，主人要连续三晚到墓前烧火。我所熟悉的一位建档立卡户的男主人即是一位"先生"，每次法事活动也会按照天数收取一定的费用，关于具体收费数目,他说:"每天二百元左右,有没有明确的收费,还要看逝者家庭情况",他提供给我一本抄录于2016年10月的《释教阎王科》,其开篇内容转录于下:

　　大唐三藏勅赐往西方　圣驾亲行御酒三杯饯　文武群臣公侯伯子男钱师求取经卷轮藏函　玄奘前去八戒沙僧伴　行者悟空扫除雪魔犯一十四载八十一多难　方到雷音得礼如来面　三藏灵文每部请几卷　白马驼来东土传演念　今日檀那设斋诚供养　荐拔亡魂离苦生天上

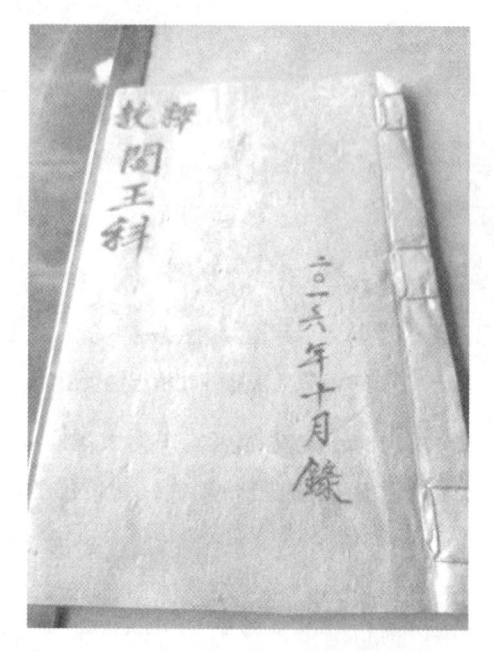

图6　村中丧礼所用经文(李根近提供图片)

我曾三次在当地朋友的带领下晚上去参加村民的葬礼,分别是囊宋乡一个阿昌族村和平山乡两个汉族村庄。这里的民俗和山东不同,葬礼现场很热闹,主人家以现场人气旺为荣。厅房中间摆着一口棺材,棺材前有亡者的照片,再前面有香烛和烧纸钱的火盆。院子里空地摆着十几张矮木桌供客人休息,茶水、瓜子、酒和水果自然是不可少的,只是茶水放在一个铁盆里,需客人自己取用。我印象最深的是葬礼现场摆设杂糅儒道佛三种礼仪,既有西方极乐世界接引图,又有道家图像,有几位村民在转圈诵经。

客人在亡者棺木前三拜表示哀悼和惜别之情,亡者家属在旁答礼回应。

到了一定的时间主家开始分香，拿到香的客人要排序唱孝歌走到棺木前祭拜（孝歌平日不能唱）。在封棺的时候，女性家属是泣不成声的，但经别人提醒我发现：其哭声有山歌的调调。葬礼持续几天，甚至通宵唱歌饮酒。

清明节时，家族要到坟山祭祀，内容有烧纸和献饭，仪式结束后参加祭祀的亲友在坟墓边一起吃饭。但是近两年山林防火要求很严，一般就不去坟山祭祀了，而是在家里完成这些活动以祈求平安。

第三节　自然

一　季节

上河东的四季不是很分明，季节大体可以分为雨季和旱季。雨季持续时间很长，几乎每天下雨，若住在土坯老房，一楼卧室阴暗潮湿，就容易得风湿病，通往县城的公路也常因为滑坡而需绕路通行，给当地人出行带来一些安全上的隐患。旱季时也会有干旱少水现象，村委会需统计农作物受灾状况上报。

（一）春

上河东的春天是干燥的，由于空气中漂浮着一层灰尘，天空显得不是像雨季那么明澈。这少雨的干燥有甚于北方，北方的春天有时还会抖一点儿雪花送给悄然解封的大地，这里的春天却依然生机盎然，满眼是绿油油的。但仔细瞧过去，绿中还夹杂着一些苍黄，那是还没有苏醒的植物。让人意外的是，在北方，秋季是成熟的季节，但在上河东春天确是收割甘蔗的时节，油菜花黄黄的，旁边对比着白色的萝卜花，这让人的心情瞬时多了很多舒畅。

前两天，我身体有些困乏，查了医书才知道这是"春困"，"春困"大都因为脾湿造成的，这大概可以称之为"时令病"吧！这也说明了人体和大自然的交感呼应，这个季节也容易感发呼吸道疾病，我前些日子即深受其害，咳嗽不止，也有大把的鼻涕流出。被医生诊断为支气管炎。在庆幸之余，也不禁感慨季节病气外淫对于人体健康的影响。

古人非常重视时令的变化，讲求生活要顺其自然规律，我们今天的社会由于科技发达，认为其能力可以重设自然，事实证明这个"翘尾巴"的想法是荒谬的。新冠肺炎在今年春季横行全球，给了藐视自然的人们一个严厉的警告。世界各国很多网友感慨：人类在户外减少活动一段时间后，河水变清了，空气质量好了，野生动物的身影也多了起来。是的，大自然需要自我修复的时间，爆发病毒灾害当然是不幸的，但人类社会也要深刻反思自己的生活方式。消费主义建立在消耗大量的物质资源基础之上，在工业文明之后的后工业文明时代，社会应该转入生态文明时代。生态文明注重人与自然万物的一体化生存，是倡导和谐的文明。从人体健康来讲，"正气内存，则邪不可干"，预防疾病最好的方式不是吃大量的药物，而是在亚健康的时候培养身体阴阳五行关系的和谐，也就是所谓的"正气"。健康之道如此，社会的发展亦是如此。

乡村清新优美的自然环境，居住空间距离的空疏，自给自足的生活保障，这些都给村民带来了防疫上的安全性，也为城市居民的隔离提供了生活保障。所谓"一年之计在于春"，如今疫情在我们国家已基本得到控制，各行各业也在有秩序地复工营业，上河东的春耕生产此时也已开始了，大地上又逐渐呈现出一派欣欣向荣的景象。但和往年又有所不同，人们的心态有了一定的变化，我们对于国家有了进一步的自豪感和信心，我们对于幸福生活更加懂得珍惜，也更加完善了幸福的定义，另外，我们对于健康生活有了进一步的认识，甚至，全球各国从未像今天那样紧密地联系在一起。

地球是我们共同的家园，春天是万物复苏的季节，我相信人类对于生态保护的躬身反省会重新恢复春天的生机，让我们渐逝的心灵悄然复苏。

图7 村中随处可见的花卉盆栽（杨江波2020年拍摄）

（二）秋

最近几日，我们入户排查厕所情况，除了闻了诸多不好表述的味道之外却有另外一份收获，那就是感受到了浓浓的秋意。这是我初次感受云南德宏乡村的秋意，它不像北方秋天那般金晃晃、明灿灿，也不好用"秋高气爽"这样概念性的词语来表述，但也分明觉受到了这一份变化。走在路上，虽然一眼望去还是满眼的绿色，但田野里的颜色不再是纯粹的绿色，而是多了一些丰富的色调。这又和北方不同，北方的植物随着气候的变化迈的是整齐划一的步伐，秋天是成熟的季节，树叶逐渐干枯随风飘落，所谓一叶知秋即如是。农民们擦着喜悦的汗水，诗人们的心绪感而发之，怕冷的鸟儿也在酝酿去南方过冬了。气候的变化显示的是大自然的节奏——秋收冬藏，我最爱秋天，春天和秋天展现的是四季里温和舒缓的节奏，春天，万物萌发，秋天，摇落收敛；这一张一弛便为阴阳互动，于是智者也发出"天行健，君子以自强不息"的生存感慨。宇宙自有其秩序的存在，秋天就要增加衣服来御寒，因此，人们在行事时应遵时而动。

但云南德宏的秋天有些奇特，它并不肃杀，也不单一，而是多元并存。在一堆树木之中，有掉树叶的树，也有依然翠绿的树，它们生存时形成一种和睦包容的氛围让人感动。云南的文化是多元的，二十多个民族的文化互相交融，或许这样的水土孕育了这样的文化，对于此，我还不得而知。

我去农户家里感受的秋意是体现在满院子悬挂的玉米上，也体现在剥了一半的皂角米上，也体现在主人热情端出的新花生上。一排排新玉米扎起悬挂，在视觉上形成一抹秋天的金黄色，院子里的笑声也明显多了起来，这是农民收获的喜悦。在一片金黄之中，我看到一位九十岁的老妇人正在忙着剥玉米，她干活的身影灵活而又自得，她应该也是在享受秋天赠送的礼物。当然作为农民，还有什么能比秋收更能让她感到快乐呢？

图8　与村干部一起到建档立卡户家中查对信息（杨江波 2020 年拍摄）

虽然云南德宏和内地北方有着气候上的明显差异，但此时都毫无例外地浸染着秋意，只是这里的秋天显得更为含蓄，更为微妙。它的美是需要人们静静的品味它，更需要在一些细节上来发现它的诗意。

我爱看秋天风景，但其实也不是，更多的是在欣赏这种秋的诗意，我们上河东的精准扶贫工作现在已到百日攻坚阶段，可以说收获的季节也即将来到，这也是令人欣喜的。

二 自然气象

雨随风来，大自然变换着性情来应和着季节的变奏，上河东的雨季是漫长的，暴风大概就是漫长的雨季前的隆重仪式吧！

（一）风

风在哪里？恩师范曾先生吟哦着说："在天边的云丝雾影，在陌上的柳絮蒿蓬；在春天偃伏的碧草，在秋天飘零的丹枫在高樯的一叶帆，在骥尾的千条线；在寺院的幢幡，在心头的旗旌。"驻村将近一年，上河东的风在我的印象中是平和娴静的，无论在绵长潮湿的雨季，或是沉稳干热的旱季，风的步伐总是不紧不慢。当然，当你在星月当空的夜晚，踱步到万亩杉木林旁，会听到万亩树涛的涌动，也会感受到自然力量的波澜壮阔。但在大多的时候，风时而窃窃私语，时而翻转绕行，它会给你带去一缕花朵的清芬，也会撩乱你刚梳好的长发，干燥的旱季，它吹起的扬尘也会使远处的天际变得一片迷蒙。

风的节奏多样丰富，柔风，那是杨柳岸晓风残月式的婉约风情，暴风，那是铜板琵琶，高唱大江东去的滇西豪情。昨晚的风却让我感受到了后者的滋味，白天天气晴朗，但异常干热的温度使人意识到夏天的即将到临，心中也会隐有一丝丝不安。晚上近子时，一股大风毫无预兆地扑过来，顿时大树猛烈地摇动，被吹落的残枝撞击着村公所的各个角落，窗户和大门是首当其冲的受害者。在村公所刚开完会的工作人员纷纷躲到了办公室里，我则担心宿舍屋顶的瓦片会被随时掀掉，也担心村民有不牢固的房屋会受到损害。厕所旁边的一棵杉木树已经被吹断了，它垂着头倒在了墙上，这时，估计乡道公路边上的残枝败叶也已然很多了。村委杨副主任倒是很镇静，他说这种大风是每年都会来一次的，也是雨季即将来临的信号。

图9　被狂风刮倒的铁皮屋（杨江波2020年拍摄）

窗外狂风呼号，噼里啪啦的雨滴声音伴随着耀眼的闪电，让人觉得这是一个注定不平凡的夜晚。对我来讲，也感受到了上河东村在狂风灾害中的坚强，村庄安然无恙，人们也并无增加多少惊惧。山区的人民依托自然而生存，他们熟悉自然和尊重自然。

（二）雨

在漫长的雨季，伞应该是最重要的日常用品了。我们北方人习惯看天拿伞，雨不下了就可以不带伞出门，但这里是不一定的。明明雨停了，但以为不带伞就可以出门是很不明智的行为，且大雨与小雨交替进行，就这样下下停停一天就过去了。雨天久了，太阳从厚重的云层中偶尔露出笑脸，还真有些不适应了，那阳光直刷刷的显得很突兀，温度也瞬间提升了不少。这时当然可以晒有些发霉的衣服和被子，但不免又很快思念起雨的清凉。

这些雨伞是我们在村里食堂吃饭时暂时搁置的，颜色各异，有聚有散。扶贫队员和村三委们撑着这些雨伞走遍了上河东村的十三个村组，撑伞与收伞是雨季里最熟练的动作。撑伞时的动作昂扬潇洒，收伞时，随着一道优美的弧线便洒落了一地的水珠，更有雨线划过伞面所形成的"大珠小珠落玉盘"的美学效果。

清晨，在青灰色的冒着雨烟的村巷里流动着几把鲜艳的雨伞，这宣告了一天的开始；黄昏，街道的灯光映照着金属伞柄，反射出的是主人疲惫的脸孔；雨停时我是习惯把收好的伞当作手杖，这又平添了许多风采，饭后慢慢

扶贫记忆：上河东村艺术乡建民族志

图 10　村委会食堂门口的雨伞（杨江波 2019 年拍摄）

踱步在村委会门口，遥望着远处因骤雨初歇所形成的白色云雾，顿时神思缥缈，大有"采菊东篱下"的诗情涌现。

还有一个月雨季就结束了，到时雨伞也会被束之高阁，这是一个值得怀念的日子。

三　自然现象

潮湿的雨季带来变幻莫测的云雾，美得让人心醉，即使在旱季的晚上，在明亮月光的照耀下云雾显得分外的多彩而通透。

图 11　村中雨季云雾升腾（杨江波 2019 年拍摄）

（一）云

我来上河东村后最瞩目的便是雨后的云了，那云一片片、一层层，有时温柔、有时壮观，有时在不停变幻、有时则安静淑贤。尤其在天初晴的时刻，日光把迷蒙的云雾拨散，一道云海便横亘在眼前，仿佛伸手可揽。更奇妙的是，云雾有时会像烟一样从谷底升起，加上一道或半道彩虹挂在天上，这能让初来高原的游客变得目瞪口呆。

我喜爱这奇幻的高原雨后云，它让干燥的高原增加了很多温润感。湿润的江南自然具有灵秀之气，但失之于湿热；苍莽的西北自然具有孤烟直的大漠之美，但失之于干燥。滇南的云雾链接了两者之优势，它能让诗人欣喜不已，也让散文家情窦大开。

我时常一个人走在这乡间的小路上，默默地、孤独地欣赏着它优美的身姿，并联想着那云雾背后的世界——因为有了遮挡，看不见的景物便让人生发出诸多的联想。

阴天的时候，这里宛若江南，晴天的时候，人是不宜在阳光下直晒的，那阳光扑面而来，你可以说它很热情，但会让来自内地的人大呼受不了。一旦避到阴凉处则凉风飒飒，一片清凉世界。高原的云就像一位懂事的小姑娘，它时常赶来遮挡这高原的烈日，合理调节着大自然温度的节奏。

恰逢一年中的雨季，我喜爱的高原雨后云可以让我多欣赏一些时日了，这也是令人幸福的。

（二）月

昨夜，从村公所回宿舍的路上看到这高原的月华，突然想到一句话：偶开天眼窥红尘。山里的云雾有时密不透风，有时又疏可走马，但像这样闪开一个洞恰好透出月华的机会还是较为罕见，月光本来是冷的，但这次好像有些特别，云的边缘居然围有一层浓浓的暖意，让人不禁有些恍惚：抑非不是夜晚？但周围万籁寂静，只有一些虫鸣，还有小巷里偶尔传来的狗叫声，这又可以确定是夜晚。

图12　村委会的夜晚（杨江波 2019 年拍摄）

在空阔的星空，月亮的身边总是围绕着一些云朵，因为有了云朵的遮挡，月亮愈加有含蓄之美，也才有《彩云追月》这样美妙的乐曲产生。夜晚的云和白天不同，它可以让诗人神思缥缈，也可以让分手的恋人暗自神伤。月华的撒播是无偏心的，但由于云的不同，透射下来的月光则呈现温柔、朦胧、明亮、奇幻等不同的效果，这当然也折射了不同人的心绪，于是种种赞美与慨叹由此而生。上河东的月华是明亮而又温柔的，万亩杉树林的枝头悬挂着一轮明月，景物在恍惚之间产生了美的意象。因为万物有了月华的映照，生命的节奏才阴阳互动，健行不息。

在这大山里湿寒甚至有些神秘的夜晚，我内心沉静，思绪万千。

第四节　乡愁

一　粗朴之美

"粗朴"按照百度词目的解释，意为"古老、朴素"。中国历史古老悠长，它崇尚这种古朴之美。"古老"意味着经历岁月风霜之后的一种沉淀，它的身上蕴含着丰富的故事性和信息收藏，这种时间流淌的痕迹被完整地保留了下来，于是它的气质呈现出来的是朴素和无华。古人云"绚烂至极归于平淡"，平淡是人间真味，是一种返璞归真的美学效果，亦是东方文明大智慧之所在。新的东西固然能从视觉上给人带来愉悦感，但由于缺乏内涵而容易变得令人乏味。

图13　乡村的盆栽不是那么讲究，但是有"粗朴"之美
（杨江波 2019 年拍摄）

乡村是中国农耕文明的集合地，它的味道从来散发着古朴的气息，青石板铺就的巷路，土木结构的瓦房，以及村头几百年的老树都散发出一股天人

合一式的朴素的自然味道。在朴素的环境里自然也产生朴素的人，走在山路上，一位素不相识的老乡用你不一定听懂的方言热情和你打着招呼，在村寨里，一群小孩子脱掉鞋光着脚在大街上嬉闹，这些朴素的场景都会让你感动。

当然，我们扶贫工作要改善他们的物质生活，但这不等于要把他们的审美力降低；我们要提高他们的精神修养，但不等于把朴素的美德减弱。这就需要我们在工作中要用智慧来把握一个"度"，"继往开来"是大国风度，习近平主席倡导中华文明复兴即是说不能一味盲目地模仿西方，而要根据中国自己的国情"撸起袖子加油干"，在世界舞台上讲好中国故事。近几年，随着国家乡村振兴政策的实行和西方工业化文明弊端的日益显现，中国乡村的发展何去何从成为政界和学界都在关注的一个焦点，中国艺术研究院2016年在北戴河召开了首届"关于艺术介入美丽乡村建设"的研讨会。参会专家认为艺术对于建设美丽乡村"会浸润文化内涵"，艺术家对于"美"的文化具有天然的敏感性，他们既珍惜乡村古朴之美的留存，又会用创造性的才能使它们重新焕发生机。我曾经在北京密云的村庄里居住了两年，在那里把一幢建于20世纪60年代的旧房重新进行了艺术设计，使它既保留了沧桑的粗朴之美，又具有适合现代人居住生活的时尚感，这种改造符合中国人"中庸"的生存智慧。当然把乡村的味道全面变成了城市，它也就丧失了和城市平等对话的权利，它们之间应该是一种联合和互补的关系。

在新闻报道里，我们越来越知道由于自然生态失衡所带来的自然灾害，云南今年春季干旱造成几百万人受灾，一到夏季，很多地方泥石流或者被水淹。据说由于温室效应，南北极的冰块都在加剧融化的速度，很多国家的夏季正变得炎热异常，这些大多是工业文明带来的弊端。因此，著名艺术人类学者方李莉认为人类社会的下一个发展目标必然是"生态文明"，而中国在这个大潮中应该立在潮头引导各国向"生态文明"发展。在中华文明复兴的过程中，乡村是发展"生态文明"最佳"试验田"。因此，"古朴"之美在当代社会需要重新被激活，云师大驻村扶贫队目前正在创建"云岫书院"，目的也在于此，要复兴适合当代社会的乡村优秀文化，给正在物质脱贫的乡村注入文化内涵。

出于此种想法，我们翻新书院的外貌时，重点在于保留它木楼的"古朴"之感，这不仅是一个简单的外貌，而是打造一个和它的宗旨配合在一起的文化形象。也许当地人还是喜欢亮丽色漆所带来的视觉愉悦，但应该相信随着书院文化的引导，乡村"古朴"而有生机的审美也会重新回到我们的视野。

二　碎石路

我在几个村组看过让我印象深刻的碎石路，碎石路全部用密密麻麻的小石头铺成，视觉效果很好，走在上面对脚心还有按摩效果。我喜爱这样的路是因为它已具有了历史意义，也是乡村文化的一部分，更因为其稀少性而具有了特色价值。我走在上面，常常感慨昔时修路村民的智慧。以前的上河东村以土路为主，一到雨季来临就可以想象行车的困难，在机械不发达的时候，硬是用人力铺就硬化了这样的路，当然是给村民的生活带来了极大的方便。但在用钢筋水泥铸就新生活的今天，这条路显得很"不平整"，在周围新房的对比下，它显得有些寒酸、有些落伍。

图14　乡村碎石路（杨江波2019年拍摄）

我很担心它被铺成水泥路，若听到这样的消息，我的心情肯定是复杂的。当地村民是希望把它换成更为宽敞平整的水泥路，但我作为一名人文学者，我更关注的是它的审美人文性和时代独特性。在我的眼里，它和界端古井泉一样是村子历史的见证者。在乡村振兴的今天，国家愈来愈关注到乡村历史文化，非物质遗产和一些重要的乡村历史物质遗存得到了相当的保护。但本地村民未必能很好地认识到这些旧物的价值，于是在乡村开发的过程中，若保护不好，一些有价值的乡村文化也会被不同程度的破坏，这是让人感到遗憾的事情。

其实，新农村不但要在物质上获得丰富的享受，还要在精神上体现出优秀的乡村文化特征。物质和精神不是彼此分离的，而是互相联系的。一个有历史记忆的乡村应该是一个有魅力的地方，它能紧密联系和唤起村民的家乡情感，也能引起城市游客对于乡村文旅体验的兴趣。何况未来的乡村并不是要走工业化的城市之路，而是要体现出生态、沉淀、人文、智能，如此才能在地位上和城市平等而互补。

因此，一条碎石路不仅仅是一条可以行走的普通路，而且是承载着乡村"继往开来"振兴之梦的一条理念之路。中国在世界上要讲好中国故事，同样，乡村在中华民族复兴之路上也要讲好乡村故事。

三　旧凳

一个旧物就是一段历史，它能引发诸多回忆。这张丢在村公所的旧凳已少了一只腿和一个扶手但依然顽强而立，在一个平凡的下午它成功地引起了我的注意。我仔细地端详着它，虽然残缺但骨架犹在，漆面斑驳但精神不颓，我喜爱这些老桌椅的风骨。它经历过什么？它年岁几何？曾经为多少个人服务过？这些问题更形成了一种朦胧的距离美，这会让我觉得：想办法让它获得新生应该是一件美好的事情。于是我喊来装修师傅，请他在闲时务必修好这张木椅，它可以放在书院的门口垂檐处——一个绝佳的位置。

图15　获得"新生"之前的旧凳（杨江波2019年拍摄）

在下雨的时刻或者夕阳西下，两个人促膝交谈，即使一个人也是美的，一本书一杯茶，沉浸在书的世界。师傅满口答应。我当然可以重新买新的木椅，但缘分是奇妙的，旧物改造亦是培养感恩心的机会。它虽然是无生命的，但确实联结着我们内心的生命，在万物一体的诗意融合中，我们有一种同情心，有一种互相映照。改造了它，似乎我们内心也获得了一种满足，也得到一种升华。

期待着它修好的样子，也期待着它坚强的臂弯，再次感恩……

四 绿野

昨天去乡里取快递，雨季的田野分外清新。这高原绿不同于内地的颜色，绿得纯粹、绿得心醉，加上高原的云雾便形成泾渭分明的绿和白。但云雾中间由于清透，交叠处的山峰若隐若现，使得绿白之间又有了一些柔和的过渡。我忍不住停下车来拍了几张照片，但照片总是不能拍出身临其境的效果，只能大略地看，这未免有一些遗憾。

远处的田地如棋盘似的分布，种着甘蔗、玉米等农作物，还有杉树以及竹子形成的茂密的树林，啊！这分明是一片绿海，深绿与浅绿在其间交互明灭，还偶尔可见白鹭掠过。当地流传着"插着筷子也能活，插着扁担也能开花"的谚语，充分说明了良好的生态造就了这片植物的天堂。但云南这几年的生态也弱了，春天大面积的干旱造成了百万群众的受灾，夏天雨季的暴雨也造成一些地方的泥石流滑坡，前不久一位扶贫干部就因此而牺牲在附近的腾冲猴桥。

图16 乡村良好的生态环境（杨江波2019年拍摄）

看到眼前这一汪翠绿，多么希望这美好的一幕长久存在。但这就需要全球的人们都要关注生态保护，在开发经济的时候要考虑可持续发展，就如习主席倡导的：绿水青山就是金山银山。当下学者方李莉也先瞻式地提出了"生态中国"的口号，认为乡村将会对中国的城市化进展提供诸多思路，中国乡村文化的复兴也会带动中国领先迈向"生态"化发展的道路。

无论如何，历史的进程不可阻挡，目前国家政治昌明，人民也将安居乐业，开启幸福美好的生活。

五 火盆

昨天入户调研，在五台山村组书记杨老师的家里看到这个火盆。在我们正在做笔录的时候，他的爱人拿来一个火盆放在我们脚下，瞬间腿部温暖了许多。火盆在北方较为罕见，但在湿冷的南方却是农村必需品。这个火盆为废弃的铝盆穿上一根铁丝改造而成的，表面凹凸不平，它就像这家主人和眼前这座土房一样的古老。

盆中最底层是炭灰，中间是正在燃烧的炭，最上面覆盖着还没有燃烧的炭，这样，炭火慢慢燃烧，热量可以逐渐发散。别小看这一盆炭火，正逢雨季，屋外阴雨连绵，坐久了就会觉得身上发冷，尤其是腿部膝盖处。这火盆的热量温暖着腿和手，就像暗夜中的一盏孤灯，分外温暖，居然可以在半开放的房厅里呆坐赏雨了。主人很热情，又端来山核桃和野生蜂蜜，在我眼中，山核桃、野蜂蜜配合着一架火盆，在这寒湿的天气里简直是绝配了。

但小小的火盆驱散不了湿重环境带给村民的风湿病苦，村里有很多人患有风湿，他们戏称为"天气预报病"。每到阴雨天就非常敏感，病痛会加剧。我察看了他们的生活环境，除了体力劳动所带来的影响之外，当地人喜欢住在一楼也是原因之一，尤其是土木结构老房的卧室，低矮、阴暗、潮湿，常年生活在此处难免不会得风湿病。

虽然如此，一个小小的火盆也让人感到很大的温暖，它代表了劳动人民生存的智慧，也显示出了乡村文化的遗留特征。

六 马驹

马是传统农业社会主要的交通和运输工具，我来上河东驻村扶贫以来多次看过骡马，有时是驮着猪草，有时是在主人旁边自由玩耍，但有个共同点是：无需主人挽着缰绳。还见过现实版的"小马过河"，在一个雨天，两匹驮着猪草的骡马回家，碰到了街上的一处水洼，两匹马居然停下徘徊起来，但

图 17 火盆是当地乡村取暖的主要物品（杨江波 2019 年拍摄）

最终蹚水过去了，这个场面使我忍俊不禁。

古语讲"老马识途"，马是通人性的，它在与人类长期共同生活中已产生了深厚的感情，甚至在文化史上有了诸多美丽的传说和飒爽的身影。徐悲鸿无疑是近现代画家中最具代表性的画马名家，传神的画作背后隐藏着画家夜以继日、孜孜不倦的辛劳，他画的速写数以万计，对马的骨骼、肌肉、生活习性等内容研究得可谓精熟。在此基础上又加以艺术地提炼加工，创造了著名的骏马形象，其艺术充分抒发了民族精神的昂扬奋进，这在国难当头的年代里无疑具有重要的社会意义。

图 18 在杏红自然村见到修路时用马驮运沙土
（纸本水墨 杨江波 2019 年写生）

我也画过几次马，但并不是很满意，大概就是缺少对于生活的观察和积累。昨日在红卫村入户时，我在大街上看到这匹枣红色的马，特意仔细观察了一下，并和它的主人攀谈了一会儿。它低头吃着草，旁边还伴着一头肥硕的猪，也许经常生活在一起的缘故，它们看起来已变成了朋友！过了一会儿，随着主人的一声催促，马儿撒腿往家的方向跑去。脱缰的马有一种自由的美，它急促欢快的蹄声便证明了这种美。

在回来的路上，我询问了同行的张主任许多关于马的问题，像他们五十岁以上的本地人对于马是非常熟悉的。我一路问下来甚至动了买一匹马的念头——艺术家在生活中总是带一些浪漫主义色彩。我脑子里开始幻想着自己骑着马穿梭在村寨之间和村民亲密互动的场面，这电影般的镜头使我变得有些兴奋，但种种现实问题又很快打破了这美妙的幻想。

在科技社会里，马的传统农业社会功能已逐渐消失了，但它的运动性、审美性等功能依然符合现代社会的需要。周末骑马也已变成都市人运动休闲的新时尚，我期待着自己将来也能拥有一匹四肢修长、鬃毛飞扬的骏马。

七　朽木

古语讲"朽木不可雕也"是带有贬义的说法，但确实朽木有时不能雕，因为人工会破坏了它原生的美。我从黄草坝发现了一截朽木并带回了上河东，这是一截不知道被水浸泡了多久的木头，木身已发黑，而且碳化后的重量足可与贵重木材相比。我们一家三口非常费力地把它挪到了草坝流水处，用湍急的流水把它身上的泥沙冲涮干净，又慢慢地把它移出草坝装在了车上。又因为它身体的长度，装在后备箱时颇费了一番脑筋。

运回村里恰逢晴天，放在太阳底下暴晒除水，但因为天气阴晴不定，又室内室外地搬运过好几次。第一步除水工作结束后，接下来是用硬鞋刷和牙刷进行细致的除灰尘工作。木身的褶皱是岁月的风华流逝时所泛起的波澜，也是美之所在，但也会带来除尘的困难。最后一步就是刷桐油，只有刷上桐油才能把这截朽木的自身色泽美充分显现出来。桐油刷第一遍切忌用暴晒来求速干，要慢慢地让油汁渗透到它的毛孔里面，这截木枯竭已久，它需要油水的滋润来重新焕发出光彩。若你侧耳倾听，说不定能听见它如饥似渴吸收的声音。

果然，桐油刷完后整截树身乌黑发亮，它像一尊雕塑似的在展现着自己，这是大自然的杰作，欣赏这种美需要和大自然有心灵的共鸣。当地的村民并

扶贫记忆：上河东村艺术乡建民族志

图 19　给在黄草坝溪水里打捞出来的阴沉木刷桐油
（杨江波 2019 年拍摄）

没有很好的意识到这种美，他们说："只是一截朽木而已。"这也难怪，对于奇木怪石所呈现出的美总是配合着东方哲性文化来凸显的，"瘦皱漏透"被誉为赏石的最佳标准，这是渗透着文人的情趣和"天人合一"的生命观在里面。西方人来衡量一块石头的价值是考虑它的物质元素所蕴含的程度，东方人则偏感性，他喜欢赋予物以哲性审美，在"齐物论"中展现融性审美思维。"瘦"才有风神，才有一种张力，"几竿瘦竹"的意象衬托出文人的风骨；"皱"才有节奏，才有一种时间所驻留的丰富感；"漏"是一种通透的状态，古语讲"通则久"；"透"也体现出这种通透之美，是整体的气眼，是可以呼吸的，就如下棋要有"棋眼"，画画也要在虚处体现一种生命的呼吸感一样。

这截"朽木"配合着云岫书院同时出现，我觉得是一种奇妙的缘分。上河东的自然淳朴之美养了我的"气"，我也将把中国文化中的最精华的东西带到这个地方，两相交融说不定会有文化新姿态出现。

最满意表现拄杖老人的这张，全幅用枯涩的线条描绘，老人形象驼背，右手拄杖，左手下垂，但目光前视。

八　雕刻

乡村的艺术从来就不是精致唯美的，它的气质自然透露着朴实无华，我喜爱民间艺术也在于此。精致虽然细腻但是也多了一些造作，粗朴虽然直接显露，但更接近于自然本性。

图 20　村民家中自己制作的木凳
（杨江波 2019 年拍摄）

我入户时，在他客厅里发现了这张有些年代感的椅子，椅子本身没有什么奇特，甚至可以说很平常，但靠背的雕刻着实是下了一番功夫。木匠师傅放刀直刻，两条飞龙腾云缠绕，活灵活现，旁边点缀些祥云。龙是中国人的民族图腾，不仅在汉族文化里广泛使用，而且在阿昌族的图腾也有双龙攀柱的形象。在古时，龙的图案属于皇族专用，但今天在民间里已被广泛使用。

我在另一户村民家中也看到了用一个树桩随形刻成的凳子，也反映出了乡村审美的特点，虽不乏简陋之感，但也会发现爱美之心人皆有之，且每个人都会有创造力。随着入户次数的增多，越来越多有趣的民间工艺品将会进入到我的视线，使我惊诧，让我感动。

第五节　民族村组

小杞木寨是佤族自然村，也是村里唯一的民族村。它依山而建，位于上河东红富村对面的山腰上。我每次走在红富村的路上都忍不住看它几眼，一

图21 村民家中雕刻着祥龙的椅子（杨江波2019年拍摄）

条深深的山谷把它和外面的喧嚣隔开，在雨季，它任凭雨雾纷扰，总是非常安静地伫立在那里。

我昨天踩着泥泞的山路陪同聊城大学的黄海燕教授去访问了它，一路跄踉着，借助雨伞的支撑勉强下到谷底。谷底是另一番天地，好似没人打扰过，那一汪翠绿让人心醉，按黄教授的话来讲，就是"纯粹"。它的"纯粹"体现在原始之自然，仪态娴静大方，虽然种了大片的玉米，但由于融入在大片的绿色中并不容易发现。循着声音走过淌着流水的河沟，偶尔可见路旁颜色鲜艳的小鸟在探头探脑地打量着我们。拐过前面路口就踩上一条碎石铺就的山路，这些大小均匀的碎石镶嵌在土路上，使得行人雨天不再难行。我喜欢这样的路，它不知何年何月修成，应该是耗费了大量人力修成的，按照现代流行的话讲，是"纯手工"。脚踩在上面有按摩的效果，走一会儿脚心便会发热。沿路而上，四周美景尽收眼底，愈到高处，景色更加开阔奇幻。雨水初收，落日染红了这高原的云彩，有时余照从云缝里挤出几道光芒也使游客不觉讶叹。

转过几道弯之后，迎面看到的是绘有牛头，看起来非常具有民族文化特色的寨门，这使我们有些兴奋，因为知道村庄大概就在眼前了。从寨门进村的水泥路修得非常平整，这对于刚刚走过泥泞小路下来不久的我们来说，简直幸福极了。这个村庄并不大，一条U形水泥路贯穿了整个村庄，一棵近百年的核桃树位于村子中央，它是村子历史的见证者，满面青苔。树下几位村妇正在闲聊，她们告诉我目前村中只有十一户人家在此居住生活了。村中老屋很多，依着山体高下错落，一眼望去，宛如时光倒流。这些瓦房配合着鸡鸣和狗叫莫非是古人笔下之桃源地？在恍惚中遇到一棵三角梅，这三角梅或许由于昨日雨骤风急，花瓣撒落了半树，让人顿生怜惜之心。黄教授被此景感动，不由得举起手中的相机，而我则拍下了他正在摄影的场面，一幅具有文艺影片效果的照片诞生了。云南其实是具有文艺情调的地方，这也是它为什么被艺术家喜爱的原因。

图22　笔者在小杞木寨寨门前留影（杨江波2019年拍摄）

艺术家总是想象力丰富，我们一边赞叹着这些淳朴的美景，一边给这片几乎被世人遗忘的纯粹的土地，在脑海里幻想了一个具有时尚情调的民俗设计。它可以有玻璃树屋，坐在里面坐看云起；它可以有佤族文化特点的现代时尚设计，聚在里面体味千年悠远的神秘。当然，这需要诸多因缘汇聚才能变成现实，也许随着这片"纯粹"的风景逐渐被外界所知，会有公司投资打造也是说不定的事。

第六节　村经济

一　茶厂

云南德宏州梁河县海拔1500多米，年气温平均15摄氏度，具有充沛的雨量和充足的日照，由于具备得天独厚的茶叶种植环境和优良的制茶工艺而被誉为"茶乡"，尤其离县城18公里的大厂乡回龙寨出产的"回龙茶"闻名遐迩。茶品推介视频《梁河回龙茶》在中央七套大型扶贫公益电视节目播出并引发了广泛关注。我们上河东村亦种有不少茶叶，也有一家小型茶叶厂，但目前来看，产业规模还较为零散，茶叶加工技艺也还比较粗糙，另外还缺乏文化包装宣传意识。虽然如此，我作为北方人对于当地茶文化还是兴趣颇浓，在入户扶贫调研时，经常会看到农户在厨房里用木柴烧大锅灶炒茶的场面，屋里弥漫着浓浓的茶香让人难忘。主人也会热情招呼我们扶贫工作人员坐下品尝自家种的茶，茶具多数简单而粗糙，有时会用饭碗、有时也会用玻璃杯，但对于跋涉山路的我们来讲，更多的是感受到山民的淳朴和热情。

图23　在上河东村茶厂调研（杨江波2020年拍摄）

上河东茶厂位于核桃窝村旁边，这是一个海拔2000多米的山头平地，原是村集体企业，后来承包给了一户村民。我和村支书驱车沿路盘曲而上，在到达山顶的时候，转弯过去蓦然看到一片茶园，旁边一条很具有历史感的碎石路把我们引到了茶厂门口。

茶厂并不大，在一片树木的掩映中显得很不起眼，但门口的两棵百年银杏树顿时使得茶厂气质变得厚重了起来，让人不觉心头一震。果然，进门后左右两排房子都是传统的老木屋，左边是厂房，右边是两层楼，底楼分为多个小房间，看来是居住生活区，二楼则是通风敞亮的厅堂。

主人是三十出头的小伙子，质朴中带着些许腼腆，他在厂房里给我们介绍了厂里生产的茶叶。厂房有三台机器分别用来杀青、烤茶，机器有些陈旧，但和古朴的厂房在一起倒很是协调。厂房的墙角铺开了一些刚采摘的茶尖，机器的旁边则是堆放了许多烤好的茶叶，让我感到好奇的是：诺大的厂房几乎看不到一只苍蝇，看来主人很重视卫生的清洁。烤茶用的是木柴，这会使茶的味道更多了些许田野的醇芳。

据说，茶厂的历史可以追溯到"文化大革命"时期，由于破四旧的原因，原先的闫氏家族功德堂拆后改建为了茶厂。虽然后来几经翻修，但当年的烟火气依然存在，灰黑的木板材在讲述着创业者的艰辛，裸露的黄泥墙经年熏染了厚厚的茶香，游览者可以把鼻子靠近它，体味一下历史的芬芳。

主人冲了一杯芬芳的绿茶，看着在沸水的作用下，蜷曲的茶叶慢慢舒展起来，好像是一群刚睡醒的小伙伴在打着哈欠，伸着懒腰，亦是可爱至极。轻嘬一口，茶汤在舌根处翻了一个滚，顿时唇齿留香，更有回甘之余味。我想象着在一个连绵的雨天，或者一个午后的晴日，斜躺在藤椅上让思绪伴着清茶放飞；或者约上几位知己，以茶为媒来畅谈学术，岂不美哉！但主人热情的让茶声又把我拉回了现实，我详细地询问了它的制茶工艺，以及茶田的管理。几番交流下来，我认识到这个茶厂有着较远的历史人文，在集体经济时期，茶厂生产的茶叶被村民用骡马驮到乡上供销社，然后再分销到各地。茶厂门口的碎石路应该在彼时所铺就的，走在上面，耳畔会自然响起骡马的铃声以及马夫的吆喝声，当然，这种穿越感是要来到现场才能体验成功的。

茶田毗邻上河东万亩杉树林，一条平整的大路可以延伸到大厂乡，因此，看似僻静的路上也会偶尔急冲过来几辆汽车。所谓"蝉噪林逾静"，这偶尔的汽车马达声使得这一片茶田更为幽静。

到夕阳西下的时候，远处的几户人家还会升起袅袅炊烟。几层茶田，两排老屋，万亩树涛，在雨季时候坐看云起，这一番属于乡村的诗意会让人流连忘返。

古人云：君子之交淡如水。茶文化在中国历史悠久，更因为华夏是礼仪之邦，茶便成了传递礼仪的最好载体，也随着丝绸和陶瓷贸易远销到外国。茶文化传到了日本，结合禅文化便有了"茶道"，核心精神是"和、敬、清、寂"，字眼为"寂"；传到韩国，结合儒家文化便有了"茶礼"，基本精神是"和、敬、俭、美"，字眼为"敬"；中国的茶文化萌芽在唐朝，宋代盛行"文人茶"，茶肆和茶坊很多，也颇为重视举行茶会活动，文人的雅兴在这时扩充了饮茶的精神内涵；饮茶风气在清代达到极盛，被百姓称为"开门七件事"之一，但在饮用方法上流行"撮泡法"，由于过于重视味觉而在精神内涵上减弱了很多；现在中国由于国力强盛，传统文化随之复兴，"茶艺"文化也开始在内涵上生发拓展。有从日本回流茶道文化的现象，讲求"茶禅一味"；有从韩国回流儒家文化的现象，讲求"茶礼"，这种反哺现象体现出华夏文明的顽强生命力，也体现出"文化自觉和文化自信"的时代特点。当代的茶文化应该在传统基础上开发出新的生命力，人们通过饮茶、赏茶来达到修养身性、激发经济活力，并可以以此在世界上传递"中国好声音"。我和龙润茶叶集团的许耀南总经理相识于北京，他们公司产品在注重品质的同时紧密结合文化和公益事业，是一家具有社会责任感的大型公司。我们云师大云岫书院建立于乡村，在扶贫策略上应该紧密结合地方情况来进行文化帮扶，高丙中在序言"社会事业却是现代社会发明出来的并发展起来解决各种社会缺失和社会问题的。社会事业是现代社会的积极面的代表者、培育者的积极面的代表者"。认为作为茶乡的少年儿童应该了解茶礼文化，在泡茶、奉茶的礼仪训练中培养出良好的精神风貌和道德品质。这次活动龙润集团派出了两名茶艺师远赴上河东村，舟车劳顿自不消说，还带来了诸多茶礼分享。培训课程分为两组，五名教师一组，十多名四、五年级的学生一族，培训师认真授课，学生受益匪浅。

中国文化若要用一个代表性的实物来比喻的话，那就是茶，它安静、恬然、温和、智慧，具有君子之风，因此，一个善于饮茶的国度将是一个具有王道风度的国家，也必将在世界事务上发挥出多元和谐的发展作用。

二　深夜食堂

因为村公所木楼装修，我租住在街面的一处房子里，房间位于二楼，虽然嘈杂但可以凭栏欣赏楼下的人来人往，这也不失为一种美妙的风景。白天，不时有摩托车和汽车呼啸而过，尤其到了赶集的日子，一大早就会被鼎沸的人声给喊醒。这是我最喜欢的日子，因为在这时可以看到和买到许多本地的土特产，如中草药、野菜、柴刀、野生蜂蜜等，这对于了解当地的物产民俗是一个绝好的机会。

晚上 8 点多太阳才缓缓地走向西山，灯光随即一个个亮了起来，山村的灯光应和着天上的星光交织成一片曼陀罗网。到了深夜，大多数灯光都熄灭了，只留下几盏商铺的灯光还在持续，这是烧烤摊和麻辣烫的生意，我称他们为"深夜食堂"。我在闲暇时会饶有兴致地欣赏这深夜孤灯，灯光透过红色的帐篷把黑夜染红，再看到几个人影在屋里晃动，还能闻见飘来饭菜的香味。但我最终忍了这些诱惑，其实做一个可以欣赏的旁观者也是很有趣的。

呆想了一会儿，已过午夜，老板开始收摊了，只留下几位喝醉的青年还在那里划拳嘶喊，山村的黑夜也逐渐过去开始有了一丝白……

三　集市

早上，外面一阵喧哗，五天一次的集市又开场了。摊贩们早早的来到街

图 24　村中主街上深夜营业的食摊（杨江波 2019 年拍摄）

上占据了各自的位置，每次的位置都是固定的，我不知道是有意安排还是约定俗成。

农村的集市不同于城市的菜市场，它的乡土气息会更浓，还散发着淳朴的人情味道。农民们把自己种的蔬菜或编制的竹筐等土特产拿来交易，从我们学者的角度来看，这种生活是原生态的，也是乡村魅力之一。这其中当然也有用批发来的物品作贸易，如电灯、音响、服装等，但品种款式会迎合当地人的需要，大多属于较为廉价实用类的。周围的村民在这一天聚集于此，他们不仅来购买商品，也属于娱乐和公共交流。你会看到服装摊播放着流行欢快的音乐来招徕顾客，烧烤摊的香味四溢……儿童牵着大人的手，零食是他们的最爱。偶然碰在一起的老朋友会拍着肩膀热情地交谈，摊贩和老顾客热情地打着招呼。由于人群拥挤，过往的汽车不得不慢慢前行，司机倒也并不着急，有的还把头伸出车外询问商品的价格。

我喜爱农村的集市，它体现出中国的乡村特色文化，这里跃动着最生动的生命韵律，每个人的脸上都有收获的满足。商贩有交易成功的快乐，买者有收获的满足，整个集市的气氛是欢乐的。我作为外乡人，饶有兴趣地询问着陌生物品的情况，摊贩会热情地介绍，即使什么不买也不会有厌烦。有的还询问我的家乡，有的年轻人还会操起半生不熟的普通话和我交谈。我在集市上买过当地人最常穿的衣服和具有乡土气息的拖鞋。当然丰富的当地物产是我最感兴趣的，在我的思维里，融入当地即是吸收当地的能量，这是一个学习成长的过程。

集市要到下午 3 点左右才完全散掉，其间我也要反复来几次才能满足。

图 25　村中集市所卖商品以土特产居多（杨江波 2020 年拍摄）

第七节　驻村生活

一　老鼠关

老鼠是人类最熟悉不过的动物，这一点我在驻村时体验最为深刻。我们驻村扶贫队员刚来村上住的时候，住在木楼的二层，这是一个略显破败的旧楼，天花板已有不少裂缝。裂缝并没有什么，但一到晚上，天花板上面就异常热闹，鼠窜蹦跳的声音不绝于耳。我有时甚至怀疑是不是老鼠们热衷于健身运动，或者彼此有角斗比赛。偶尔也有身体强壮的老鼠不小心从裂缝跌下，幸好我们有蚊帐撑开，老鼠跌在蚊帐顶上倒是可以翻滚并弹跳起来，这样它的安全至少不会有太大问题。第二天早上，帐顶上的几颗老鼠粪足可证明我这种推测与想象的正确性。

后来因为木楼装修，也因为妻儿暑假要来村里探望我，于是在外面街面上临时租住了两间房子，也是木楼的二楼。木板隔断几乎是不隔音的，因此街面的喧哗总是身临其境。每当夜色沉寂下来，我也要睡了，这时吱吱啾啾的鼠叫和咚咚的鼠窜声音开始间歇性地响了起来，节奏由疏到密。不仅是声音的问题，更重要的是：这种声音会引发临睡者无穷的想象和很大的心理恐惧，它们在干什么？有多少只？在我睡着以后会不会下来到我床上来进行游戏？最关键的是它咬人吗？这些问题会困扰你久久不能入睡，但习惯之后，把心一横也能沉沉的睡去。但也有例外的时候，某日凌晨三点多，住在隔壁的儿子突然打电话给他妈妈求救,他说老鼠们咬东西的声音让他害怕得无法入睡,甚至身上出了一身冷汗,于是搬来我们房间和他妈妈一起睡。我也被床底的老鼠惊扰得只能开灯睡觉。至于要外出几天时,把铺盖卷收起是必做的事情,因为以前没收的时候,回来就会在床上看到很多的老鼠屎和尿液痕迹,最后不得不花费很多劳力来打扫战场。

当然也不是所有的记忆都是痛苦的,记得有一次开车从县城回村里,在经过弄别村的路段上突然看到一只老鼠拦在马路当中,它一动也不动,但乌溜溜的眼睛倒是呆萌得很。我不由得停下车隔窗和它四目对望,它依然不动,过了一会儿才窜到路旁草丛里不见了。这是我驻村以来第一次见到真实的老鼠,以前只是凭借着它们的声音或者看到它们留下的痕迹来想象着它们的形象。

也许在驻村结束的时候,我会说一声:"别了,老鼠君"。但值得回忆的是:它们陪伴了我很多驻村的岁月并引发了我写这篇文章的兴趣。

二 停电

好多年没经历过停电了,因为一夜的暴雨使得村里的线路出现了故障,这是我驻村以来第一次经历没电的生活。

白天还好办,入夜了就突然觉得黑夜的漫长,儿子九点就在床上躺着了。习惯了电力生活的当代人一旦惯常生活的节奏被打乱就突然有些不适应了,甚至会有些惶恐。尤其当手机的电量不足以支撑打发漫漫长夜的时候,这更在惶恐之外增加了一层无聊。在这个时候我倒有些兴奋,在黑夜里燃起温暖的烛光不也是一件很浪漫的事吗?按照诗人的思维:停电是把黑夜还给了黑夜。人们可以从电视的束缚中解脱出来,烤着火谈着话,也可以把和远方微信好友的聊天转换成与对面朋友的交流,说不定会发现已忽视对面朋友好久了,带着一丝珍惜的歉意,讲话的口气也会柔和很多。

我喜欢这无电黑夜的另一个原因是因为它勾起了我童年的回忆,小的时候在村里上小学的时候,晚上要点着煤油灯写作业,在昏暗的灯下,经常不小心被火苗烧着了头发,有时甚至是眉毛,一股烟焦味顿时弥漫在狭小的土房子里。奶奶并不能检查我的作业,但她会默默地守在我的身边,跳动的火油灯光把她瘦长的身影长长的印在了墙上,也深深的埋藏在了我的心里。因此,今天山村里停电了倒勾起了我的这一缕乡愁,我对年轻同事们说起这黑夜的美，他们反应并不是很大，这可能是由于生活年代的差距而没有引起心理情绪的共鸣吧！

我欣赏黑夜的含混安静和烛光的跳动温柔其实早在北京驻村时就有所行动了，我在设计改造云岫山房时，特意用空心水泥砖在墙上嵌了一个灯窟，放上一支蜡烛，在朋友来访的黑夜特意关上灯，边饮着茶边畅谈着学术写作与艺术创作。在一钩弯月高悬的夜晚，只有檐下虫鸣和远处池塘的蛙鸣，在夜的包围中，一盏晃动的烛光使得生活变得诗意盎然。

但在夜晚的9点多，电却来了，我浪漫的回忆与联想随之被打破。人们这时大概又拿起了手机用手指在屏幕上滑动了起来，没有完成工作的人会重新回到电脑桌，电视节目的声音也会此起彼伏。在这用电网交织的夜里，我曾经幻想着现代人可以一周有一次的无电日，这不但可以为地球节约很多资源，也同时可以让人们从电气化的控制中暂时摆脱一下，说不定生活会变得更加的温情和美好。

三 会议

会议多，时间长，是我参加扶贫工作驻村以来最大的感受。由于我是做学术研究和艺术创作的高校教师，之前参加的会议大多是学术会议或者研究所的周例会，还有就是高校工作中的学院例会，这些会议大多零散简短。但驻村以来，会议时间频繁且时间久长，最长的一次居然达到15个小时。有时是县挂钩领导主持的，有时是乡挂钩领导主持的，还有扶贫工作队自己召开的相关会议。其中县、乡、村三委和驻村工作队共同参与的会议是最常见的，村委会二楼的小会议室里当然是坐满的，通常主持领导坐在东侧中间位置，其余人员也会找到属于自己的位置坐好，我因为怕烟味通常是坐在靠门的通风处。

遇上需要紧急完成的任务，过程是热烈而又漫长的，笔记本、烟、茶是会议桌上的必备品。会议中间常有好烟者的分烟行为，这会让会议气氛略显轻松一些，但多只烟筒又会让会议室里烟雾缭绕。正逢雨季，室内的烟雾呼应着外面山峰上的云雾，幸亏南方的习惯是不关闭门窗的，这使得不吸烟的人不至于太难过。

因为会议漫长，参会者的坐姿动作随着开会时间的延伸也会变得愈加多样自由，座位距离的疏密和前后参差也会逐渐有所变化。在坐姿动作上，有的人会斜靠闭目养神一会儿，有的人会把单腿在椅子上撑起，也有的人会起身到外面，借着上厕所的名义活动一下酸痛的筋骨。但主持会议的领导们多数时间是正襟危坐的，也是出去次数最少的，至多斜着身子用手扶一下脑门或者用右手托一下下巴。至于吃饭的时间则是不固定的，有时会拖延到忘记了饥饿，虽然如此，在现场倒没有听到有人肚子发出的咕噜声，我有时在想：若会场响起此起彼伏的咕噜声的话，大家肯定会笑场吧！遇上到午夜还没有开完的会议，就更需要一定的体力和耐力。据我观察：一旦过了零点，参会人员好像是跑马拉松的运动员，最后的一段时间基本是用意志力带动一点儿体力在前行，会议的节奏进行到这里是缓慢而又艰难的。有体力稍弱的基本上把头埋在臂弯里，眼睛也会暗淡无神；也有的人会到楼下大厅用衣服盖着脸稍睡一会儿，实在扛不住的就提前回家了。

会议多主要是因为要填写的表格多，但确实诸多表格也是必须要填的，要精准掌握村情民情就要细致性地做相关统计工作。基层扶贫工作者面对着繁忙的工作和攻坚的压力，大多练就了"坐得住、耐得下"的参会精神，当然也会因为会议上的憋尿、或者久坐、或者烟熏等引发的生理疾病亦是很多。

由于专业使然，我养成了随时随地观察人的习惯。在我的眼里，会场也是很生动鲜活的，有皱眉思考的、有奋笔疾书的、有慷慨急言的，当然也有思维开小差的。俄罗斯著名现实主义绘画大师列宾的油画作品《查波罗什人给土耳其苏丹王写信》即描绘了一个生动的会议场面，这幅作品的人物性格刻画很成功，尤其注重人物的典型特征和戏剧场面的细节性。我随着参加会议次数的增多，愈来愈多的人物个性在我的脑海里变得鲜活起来，等到酝酿成熟的时候，也许会创作一张关于精准扶贫会议题材的水墨画，以此向国家精准扶贫工作和全国扶贫队员献礼。

四　厕所革命

厕所革命最早是由联合国儿童基金会倡导的，主要是针对发展中国家人民的健康和环境而提出的改造措施，在我们国家，习近平主席也曾对"厕所革命"做出多次重要指示。

在印度有一部很优秀的电影《厕所英雄》，影片是由什里·那拉扬·辛导演、阿克谢·库玛尔主演的，剧本展现的女主人公与旧风俗斗争的情节，一句"没有厕所就离婚"体现出印度女性为争取自身权利而发出的有力呐喊。

影片上映以来引起广泛反响，也有力地推动了本国"厕所革命"。由于风俗和宗教信仰等原因，在印度仍有6个多亿的人口不愿在住处附近入厕而选择露天排便，为了鼓励在家里建厕所，印度政府甚至规定：如想竞选村职就必须在家里拥有厕所，莫迪总理在2014年发起"家家有厕所"的运动，可见其政府改变陋习的决心。虽然中国在2014年卫生厕所的普及率已高达76.1%，但偏远地区，特别在北方，旱厕依然盛行，还没有养成文明如厕习惯，很多公共厕所污水横流，臭味熏天。厕所卫生如不注意，会污染周边的饮用水源，也会使居民大大增加感染寄生虫病、肠道感染病的概率，从而危害到人民群众的生命健康。

上河东村精准扶贫工作也开始推进"厕所革命"，驻村工作队要通过入户现场查验的方式来填写《云南省农村"厕所革命"户厕档案》和《公厕建设情况核实表》，我负责的吉阳片区大约有一百户村民，除了少数几户有着卫生清洁的冲水厕所之外，大多是化粪池式或沼气式的旱厕，甚至有几户的厕所已简陋得让笔者不知用什么样式来定义它。国家的政策要提升乡村人居环境，要改变人们落后的生活观念，厕所势必要"革命"的。当然，除了国家政府一系列的有力措施之外，村民本身也要积极改变生活观念，要充分认识到"厕所革命"在提升幸福指数和健康方面的重要意义。

作为城里人到农村来，可能最不能适应的就是厕所卫生了，乡村要振兴就要增加乡村魅力，因此"厕所革命"势在必行。另外，在当前社会环境下，"厕所革命"也将有效缓解乡村治理的难题。

五 送别

古诗曰：杨柳东风树，青青夹御河。近来攀折苦，应为别离多。（送别 唐·王之涣）送别总是有些伤感的，因此很多人并不愿意参加送别宴会。但人生聚散无常，俗语讲：天下没有不散的宴席，又有谁能避得开呢？驻村近两年即目睹了两名队员因为家里亲属离世而悲伤的情景，也目睹了驻村队员因为驻村期满而撤换离别的情景。驻村离别之愁可以称之为乡愁，乡愁不同于文人之愁，文人之愁是淡淡的，宛如秋天之菊，也有稍微浓烈一点的，即如戴望舒诗中所阐述的：它存在于压干的花片上，在撕碎的往日的诗稿上……。而乡愁是浓郁的，它伴随着浓浓的乡音，伴随着泥土的芬芳，离别队员被乡民和村干部的粗糙大手紧紧相握的时候不禁泪流满面，欲语哽咽，祝福的话语此时斟满了酒杯。两年之中，大家的扶贫生活忙碌而又充实，虽然工作之中的磨合在所难免，但真诚紧密的同事关系却因此被牢牢建立。

对于村干部来说，送别是充满不舍泪水的一种记忆，既是惜别又充盈着对于扶贫单位的感恩之情；对于扶贫队员来说，送别是牵绊的乡愁，也是新征程的开篇。徐志摩在其诗作《再别康桥》中说：轻轻的我走了，正如我轻轻的来；我轻轻的招手，作别西天的云彩。那河畔的金柳，是夕阳中的新娘；波光里的艳影，在我的心头荡漾。……两年前，驻村扶贫队员来到了这个远在西南边陲的村子，克服了语言不通、工作不熟悉、生活条件艰苦等困难，在工作中与本地村民建立了深厚的感情。如今要离别这片已播撒了自己青春记忆的热土，你会万般情绪涌上心头，在村口一遍一遍的流连着往日熟悉的灰瓦青砖、狗吠鸡鸣、寻常巷陌，偶尔村民经过，扬起的也是朴素真诚的笑脸。

别了，别了，上河东村，但我会再来的。因为"那河畔的金柳，是夕阳中的新娘；波光里的艳影，在我的心头荡漾"。

第四章　上河东艺术乡建

我曾经关注到"潘鲁生民艺馆"这个公众号里的一篇文章,题目是《中国乡村的公共艺术》,在上海美术学院举办了"第四届国际公共艺术奖颁奖典礼暨国际公共艺术论坛",会上山东工艺美术学院院长潘鲁生教授做了这篇发言。他认为中华文化艺术的根脉在乡村,艺术介入乡村的形式多样,有对本土艺术的激活,也有外来艺术形式的融入,艺术创作介入乡村生产会激发乡村的文化创造力。艺术服务乡村民生,助力乡村产业发展,可以有效创造经济效能和文化价值。同时他又呼吁应减少盲目地旧村改造与造城运动形成的建设性破坏。在谈到公众参与这个问题时,他认为艺术进入乡村应和村民有情感链接,要站在他们的角度来看待乡村,但又不能一味迎合,要取精去糟,唤醒和培育村民文化自信和自觉。在人才培育与引进方面,倡导引入新乡贤,充分挖掘出农村的发展潜力。乡风文明是乡村公共艺术发展的目标,以文化人,弘扬真善美。乡村振兴既包括物质上的富足,又包括精神上的提升。

《基于文化自信的乡村消费,正在成为趋势》这篇文章分为两部分内容:一乡村,也是拉动内需的主战场;二乡村会客厅,正在成为乡村的引爆点。文章认为由于国家"乡村振兴"政策的实行,社会资本和人才正在向乡村倾斜,"诗意田园"和"乡情"正在成为城市人新的消费趋势。中国传统文化的根脉在乡村,中国要恢复文化自信,乡村的振兴势在必行,村庄的手工艺、民俗文化等原生态应结合新的时代形式重新生发出茁壮的生命力。

一个民族如没有自己的文化,就不会有凝聚力。作为一个村庄又何尝不是,上河东村十四个自然村组,像吉阳、集益都是新搬迁的村组,如何传承旧有的优秀文化,如何创造出新的村落文化是很重要的事,一个村落有了自己的文化,就会增强村民的主人翁意识和凝聚力,也会增强生活的幸福感。我对于上河东乡建的文化架构在我驻村之初就有了设计雏形,并向云师大扶贫办申请相关建设资金，写了"上河东文化中心筹建资金申请书"，此举得到学校的大力支持并最终在村民的参与下得到落实。

第一节 书院

书院是一所庄严的存在，它古来有之，但历代所担负的功能有所不同。"古代书院是社会认同的，就是民间的一种教育，从私塾到书院，国家还有一套国子监系统，各地有乡校、县学等，公立和私立配合，都得到认同。"[①] 中国近百年是一个学习西方的科技文化来图强的民族复兴过程，在这个过程中有时是用自我否定的方式来瞻望西方，如在"五四时期"有学者甚至要提出把汉字改换成罗马字和取消文言文，鲁迅先生说他在中国历史中看出"吃人"两个字。要知道他们都是学贯中西的大学者，可以说他们语言的激烈也是对于民族"爱之深"的表现，是有着彼时之语言环境。那时国难当头，旧的传统文化需要新的刺激来产生持续的生命力，但如今的中国国力日渐强盛，中国已走向"文化自信、文化自觉"的阶段，于是"民族复兴的中国梦"是这一届中央领导所担负的历史使命。今天的书院大多注重艺术培训和国学教育，尤其国学教育是应运时代变化而产生的。

书院在这个时代的发展繁花若锦，诸多古代书院的遗址得到了很好的保护，现代新型书院也纷纷在各地成立。我的恩师范曾先生是稽山书院和盘山书院的山长，郑州大学也成立了嵩阳书院，中国香港的诸多大学亦把传统书院教育纳入现代大学教育体系当中。这是传统文化在当下社会焕发出的新生命力，证明了中国作为文明古国在文化上所蕴含的极大魅力。如今在世界四大文明古国中，也只有中国还没有中断自己的文化传统，这事实即可作为证明。

关于书院的教学理念，楼宇烈先生指出："书院里边最重要的，我们要弘扬两个东西，一个是我们书院的教学宗旨，不是为了要增加学员的知识，不是为了传授知识，而是为了要教学员怎么样做人。第二就是书院的教学方法，它应该是一种启发式的，教学相长的，互相平等、互相切磋讨论的，这样一种教学的方法。我想书院能够把这两点做好了，书院的作用就起到了，至少

---

① 李四龙编：《人文立本》，北京大学出版社2010年版，第156页。

可以改变我们现在这种教育体制下的一些弊病。"① 那在乡村振兴期间，什么样的书院模式才是最佳的呢？这需要实地调研和查找相关学术资料，我曾与周乡长、赵兴蓉一起去吉阳村组入户遍访，共计三十三户，印象最深的是：有位出生于八几年的妇女居然连自己的名字也不会写。上河东村四十岁至五十岁这一年龄段不识字的人不少，我在回来的路上和周乡长谈到目前精准扶贫的事情，我说："如果只从房子修建和道路改造来看的话，上河东和我的家乡山东的农村差别不是很大，甚至有的地方还超过了内地的农村，现在的差距在于知识水平。"乡长对于我的这个看法深表同意。

在《反贫困在行动：中国农村扶贫调查与实践》这一本著作中，有些调查内容也很有价值，摘抄如下以作参考：

> 贫困村大批劳动力向非农产业转移，对促进农民增收和农村经济发展具有十分重要的意义，但也对农业生产带来了一定的影响，主要表现在以下方面：一是农业劳动力资源匮乏，农业生产者呈现老龄化、妇女化、非商品化。由于大量青壮劳动力外出，目前留乡务农的劳动力呈现文化素质较低、年龄偏大和以女性为主等特点。②

> 扶贫人才数量少，缺乏组织依托；以及"输血多、造血少"的情况。③

在长期培育本土扶贫人才的同时，为了充实扶贫力量，还要引入越来越多的"外输型"扶贫人才，增加志愿者、非政府组织、企业等社会力量投身扶贫事业。280 对贫困村农民教育支持态度的调查显示，整体上看，在 840 个有效样本数据中，461 位农民表示会竭力支持子女教育，占比为 54.88%；311 位农民表示尽量支持子女教育，占比为 37.02%；认为无所谓的农民有 14 位，占比为 1.67%；认为教育压力过大就寻找其他出路的农民 9 位，占比为 1.07%；认为看情况再说的农民 45 位，占比为 5.36%。过半数贫困村农民十分支持子女接受教育，只有少数农民教育

---

① 李四龙编：《人文立本》，北京大学出版社 2010 年版，第 154 页。
② 徐勇主编 邓大才等著：《反贫困在行动：中国农村扶贫调查与实践》，中国社会科学出版社 2015 年版，第 131 页。
③ 徐勇主编 邓大才等著：《反贫困在行动：中国农村扶贫调查与实践》，中国社会科学出版社 2015 年版，第 159 页。

观念不强。①

从以上资料显示的数据可以看出扶智对于解决乡村贫困问题的重要性，因此，乡村书院的价值在于重新把乡村优秀传统文化精神激活，如国学培养、人文环境塑造、手工艺的扶植培训、美育、家风和村风的改善等。"中国古代的'礼'更偏重伦理道德，而'乐'偏重艺术，两者相辅相成。艺术素养会影响整个人生、价值取向，甚至于思维方式。"②

乡村本是传统文化的发轫地和聚留地，在工业文明昌盛的今天，所谓"物极必反"，它的衰落则预示着新的振兴。手工业和传统民俗等非物质文化遗产在机器大工业的今天愈发显现出它的珍贵性，机器生产的东西机械刻板但它能带来物质上的丰富性，今天的中国社会在物质上已极大丰富，人们更希望在物质消费上体会到精神的温情。手工艺品在制作的过程中注入了匠人丰富的情感，也体现出传统审美精神的现代延续。因此，在后工业社会环境下，手工的东西会愈发显现出它的价值。

图 1　装修书院的木材采用本村所产的杉木（杨江波 2019 年拍摄）

给我装修书院的木工师傅是建档立卡户，由于家庭经济困难，娶的是缅甸媳妇，这种跨国婚姻在边境地区较为常见。书院是木楼结构，杉木柱子较多，且空间狭小。我要求他首先把柱子之间的隔断打通，然后柱子之间做上杉木板书架，这样就可以作为隔断又能充分利用空间。最底下一层要高一些，

---

① 徐勇主编　邓大才等著：《反贫困在行动：中国农村扶贫调查与实践》，中国社会科学出版社 2015 年版，第 314 页。

② 李四龙编：《人文立本》，北京大学出版社 2010 年版，第 168 页。

大约35公分，这样可以放一些大画册，其余做28公分即可。这样能做6层，6个空间共可做36层，为了防止受潮变形，木柱之间的隔板中间需再加一个支撑板。在县城宏达窗帘店订做百叶窗帘，是浅蓝色的铝片窗帘，放在书院里会有安静的视觉效果。

杉木是本地产业，就地取材很重要，装修师傅也是本地人，本土人参与的主体性也是必要的。另外，我也将最近收藏的一些根艺和石头摆放在书院，大大加强了书院的艺术氛围，美育化人是无形的。

物质环境有了，服务模式和生源的问题就摆上了桌面，楼宇烈先生在《发扬传统与书院教育》一文中说："当然我们也要看到书院所面临的困难，因为它不被列入一个主流社会的体制里边，实际上对于来学的人而言都是额外的，另外书院要是以公益的形式来做，就有一个生源不稳定的问题，因为你如果收费了他不来听就会觉得亏了，所以越是公益性的生源越不稳定。我们怎么样能够在保持公益性的情况下，又保证稳定的生源能够让他们感兴趣。另外，要有一个稳定的规划，要有固定性的计划性的这样的一些课程。"[①]

关于此种问题，如何利用云南师范大学的人才和学科资源优势很重要，它必然在探索中趋向成熟，一所书院可能是简陋而微小的，但它在村中和学术上所产生的文化影响力将是深切而长远的。

第二节 乡村美育馆

一 美育

国家目前大力倡导美育，2018年8月，习近平总书记在给中央美术学院八位老教授回信中就做好美育工作，弘扬中华美育精神提出殷切期望，强调做好美育工作，要坚持立德树人，扎根时代生活，遵循美育特点，弘扬中华美育精神，让祖国青年一代身心都健康成长。

教育部党组书记、部长说："要做到在审美中育人、在育人中审美、在审美中成长、在成长中审美。"他在《光明日报》撰文《做好新时代学校美育工作》提到：美是纯洁道德、丰富精神的重要源泉，对塑造美好心灵具有重

[①] 李四龙编：《人文立本》，北京大学出版社2010年版，第153页。

要作用。学校美育要以美育人、以文化人，全面提高学生的审美和人文素养要重视和加强学校美育。

云南省也在行动，并制订出详细的行动方案，省委办公厅、省政府办公厅2022年印发了《关于全面加强和改进新时代学校美育工作行动方案》，方案具体内容有：一、实施美育课程和教材提升行动。二、实施美育教学改革提升行动。三、实施美育办学条件提升行动。四、实施美育评价改革提升行动。五、实施美育强基行动。六、切实加强组织保障。其中提出"加强美育与德育、智育、体育、劳动教育相融合，与各学科专业教学、社会实践和创新创业教育相结合。""重点挖掘与运用体现中华美育精神与民族审美特质的语言美、心灵美、礼乐美等美育资源。"强调要建立完善帮扶机制。指出"实施高校美育浸润行动计划，支持社会力量开展美育公益项目"。

何为美？画家醉心于点划的流美，文学家以文字来营造书香，哲学家会眉头紧锁地投向我们一汪深邃，艺术大师罗丹告诉我们：美是到处都有的，只是缺少发现美的眼睛。

我来上河东驻村扶贫是带着一双审美的眼睛来的，这里虽然经济落后，但是村民性格淳朴，环境自然清新，尤其是雨季的云，那一缕缕，一片片，颤抖着，把山头润成一块碧玉，把山谷染成了一片迷朦，也因此孕育了诸多质地优良的中药材。

我也爱那悬在中天的一轮圆月，它让我时常想起家乡，但家乡的圆月没有那么金黄，也没有那么硕大，高原月亮之美是朴厚与清明。

村子大多依山而建，山顶的村子要比山腰的村子多了一些雾气，沿路而上，回来时头顶会盖上一层白霜，这大概也是上河东的美之热情吧！村中顽童追逐着仔猪，银铃般的笑声在山间回荡，也惊了穿林的鸟雀四处窜飞。若是有脚力走到界端小学，还会听到朗朗的读书声和古泉缓缓流水的声音，旁边有棵大榕树，它婆娑的树影日日见证了这一切。

我被聘为上河东村界端小学的美育顾问，也举办过几次美育活动，试图增加乡村的美育氛围。我展示作品的内容即是描绘了他们最熟悉的人和环境，想告诉他们：美就在身边，美就在我们当下，要热爱我们的家乡，要为自己的家乡而自豪。那么审美教育对人到底有多重要呢？朱光潜先生认为教育分为智育、德育和美育三部分内容，强调："美育可以发展人的情感的本能，使人得以健康与全面的发展。美育也可以怡情养性。而怡情养性对于提高人的道德修养有着重要作用。"

界端小学地处界端自然村，现有师生两百多人，因为父母多在外打工谋生，校中留守儿童占三分之二之多。近年来，全校师生在罗保萍校长的带领下，在云南师范大学的帮扶下，校风严谨，注重学生的全面发展，在社会上有很好的口碑。

由于上河东村界端小学地处偏远山区，因此在师资配置上缺少专业美术教师，整体美育环境薄弱。我和其他乡一位中学音乐教师聊天时得知，虽然本地基层二级教师的工资月收入可以达到七千左右，但由于超编等原因，专业美术教师很难被招纳进来，于是当地也有专业教师轮岗的制度进行教育资源补充。

众所周知，文化帮扶在扶贫策略上是由"输血"转变为造血的重要方式，也是提升乡村人居环境以及阻断"隔代贫困"的重要举措。据于此，云师大驻村扶贫队在繁重的工作任务之外策划了"美育进校园活动"，在2019年12月5日举办了"中华小学学生美术作品展"，以及在12月20日举办了"杨江波扶贫主题国画作品展"。上午九点，我的画展在界端小学正式开幕，出席开幕式的嘉宾有村支书、扶贫队长，以及小学的罗校长。段老师主持了此次活动，学校安排了两个节目：《感恩的心》和《月光下的凤尾竹》。听到天真无邪的孩子们唱《感恩的心》这首歌时，我不禁热泪盈眶。校长给我颁发了"美育顾问"的聘书，我也回赠了书画作品，在接下来的发言中，我强调了两点内容：一是我对于美育的情结；二是我感怀于小学良好的学习氛围。

图2 在村小学举办美育活动（杨江波2019年拍摄）

在之前美育工作基础上，2021年3月18日，"上河东乡村美育馆"在界端小学成立，馆里展示了季羡林、孔繁森、武训、成无己、张自忠、孙瑛、杨以增、黑伯龙、傅斯年九位山东聊城籍名人，这些名人既是地方性的又是全国性的，这些作品用水墨国画的方式表现，使得学生在近距离欣赏美术原作的同时又受到美育的熏陶。本乡村美育馆是云师大驻村工作文化乡建的重要内容，也体现了教育部门介入乡村振兴工作的资源优势。本馆成立后产生了很好的社会反响，辐射影响到周边的文化乡建工作，也在一定程度上提升了云师大的社会形象。

美育是一个重要的文化课题，它首先是自我修美，然后以美化人。因此，我在进行乡村美育的同时，自己也努力吸收当地的美育能量，也要想办法让当地百姓重新回忆以及审视自身本具的美，然后再融合新的美，在传承与创造中达到守成与创新，最终打造出具有文化自信的时代之美。

如今，云岫书院已经在此地生根发芽，村史馆也在积极打造中，其实，美育不应该仅仅在学校里进行，也要在社会中广泛进行美的影响。这虽然是乡村工作初尝试，但我相信是一个美的开始。

第三节　中草药文化陈列馆

古人云：不为良相便为良医。"医"这一专业对于生命健康来讲善莫大焉，古代的名医甚至被历代百姓顶礼膜拜而奉为神明。我在天津上学时就在郊区参观过一座药王庙，里面除了佛像之外还有孙思邈的雕像。有时我也在想：从兴趣而言，我如果没有选择教师这个行业也许会选择学医，正所谓"教师育人，医术治身"，中医立足于中华文明，它通过阴阳五行的辩证哲学来治疗病症，这和西方医术相比较而言属于两套体系。西方医术注重团队合作，其医术的提高与高科技医疗器械的发达密不可分，而中医则通过"望闻问切"的经验来对症下药，应该来说它们各有所长。在北京读博期间，我曾经到北京中医药大学听过一次讲座，这个主讲人通过凉水化冻柿子的例子来阐述中西医诊法观念的不同：西方人水化柿子用的是热水，而中国人则用的是冷水。中医所推崇的经络、穴位在西医眼里并很不好理解，因为他们用科学仪器并没有检测到它们的存在。但看不见的并不代表不存在，中医有几千年的临床实证历史，可以说悬壶济世，医人无数。

我因为绘制成无己肖像而与中医界结缘，来到云南驻村参加精准扶贫工

图4　梁河县有很多贩卖野生草药的商贩（杨江波2020年写生）

作以后，在挖掘本村文化历史的过程中偶然发现了上河东村丰富的中草药资源，于是开始收集了诸多草药，并发动志愿者采访本村有经验的村民，争取最大限度地呈现本村的中草药文化。

上河东村委会上河东茶厂的银杏树、紫薇树和小寨村的红豆杉，分别被列为国家Ⅰ级保护、省级古树，树龄150多年。富有保健作用的白花油茶是其特色产业，本村不但拥有丰富的野生中草药资源，另外在云南师范大学的引导下，也种植有40亩左右的重楼药材，在医药学人才建立上，据统计，有10名左右本村学子在大学研读中医药专业。

文化历史是一个乡村的记忆，起到凝聚民心的作用，同时也是幸福生活的产业保障和精神支持。因此，以云岫书院为中心，云师大驻村扶贫队还同时规划了上河东中草药文化陈列馆的建设。上河东村野生药材资源丰富，俗语称"一屁股坐下去有三棵药"，在历史上也曾集体种植过三七药材产业，现在还发展有40亩地的重楼药材种植。

据调查，村民用世代口头相传的本土药方疗病的经验很丰富，如：

半边莲可以入药；

芦荟可以治烧伤烫伤；

有种滚筋药，如扭伤，用它去揉效果好；

大风草女人坐月子时候可以拿洗澡；

三叉草，可治猪拉白屎，人吃了降火，治牙疼；

萝卜菜叶子可以退烧；

烂黑麻叶，降火，也可治牙齿痛；

五家风降火，治风湿；

野阳红专治胃疼；

鱼腥草（豆湿根）煮水，可当消炎药，人和猪都适用。

村中读中医药专业的大学生也有十名左右，因此挖掘中草药文化可以极大丰富地域文化内容，增强乡村魅力，并可以带动本村相关药材种植经济的发展。

云岫书院目前已带领大学生志愿者制作了中草药标本二十种，收集了本土草药样品近百种，绘制了七十余幅本地草药线描图画，并访谈了多位村中富有经验的长者，规划了界端野生草药生态游览区。此外，也对接了山东聊城成无己中医协会的资源，邀请名中医来村进行义诊和进行中医文化合作。

我们知道一个村子是综合的物质体，它和自己的文化传统从来是密不可分的，在没有现代医疗条件的情况下，村民们根据经验口耳相传，每家都粗略地掌握着一些当地药材的药性，虽然粗糙但也治疗了很多病症。如今随着卫生条件的提高，年轻一代逐渐对于草药失去了辨识力。因此，为了保护和传承当地的草药文化，也为了刺激本地中草药经济的发展，云岫书院启动了"上河东中草药文化挖掘计划"。

2020年11月20日上午，为了提升所驻村群众的健康水平，进一步增强他们的保健意识，书院邀请了山东省名中医谷万里、袁恒勇、柴辉来上河东村给群众进行义诊活动，随行的还有聊城晚报孙克锋副主编。他们为近两百名村民、村三委以及驻村工作队员进行了诊治并开了相应中药方，此举受到了村民的广泛欢迎。下午，名中医一行不顾疲劳又来到村小学，给村里留守儿童捐赠了一百余套学习用品，又给十九位教师每人赠送了一个保温养生杯。

界端小学联系云师大驻村扶贫队来云岫书院和中草药文化陈列馆进行了参观学习，这种利用书院平台搭建扶贫村教育第二课堂的做法受到了家长和学生们的欢迎。界端小学三位老师带领三、四、五、六年级的学生共二十五人到书院参观，学生们依照顺序参观了书院和中草药文化陈列馆，在参观过程中，书院老师详细地讲解了书院的文化藏品，也认真介绍了陈列的中草药展品，现场互动气氛热烈，小朋友们纷纷用所携带的笔记本做了记录。最后，书院老师问小朋友们："我们家乡是不是很美啊？我们现在必须努力学习，长大后把要我们的家乡建设得更美。"在小朋友异口同声的回答中这次活动圆满结束了。

图5　书院已成为村小学第二课堂（杨江波2020年拍摄）

广泛结合社会力量来进行扶贫工作有效地提升了帮扶效率，也显示了我们社会主义制度的优越性。经过挖掘上河东村中草药文化，很好地保存了当地的农耕文明，也培养了当地村民的文化自信自觉。

第四节　古井景观改造

上河东界端是具有悠久历史的自然村。村中有当年土司亲手栽下的大榕树，也有几百年历史的古井泉。在没有通自来水之前，古井泉像母亲的乳汁一般养育了村中几代人，可以说村中的每个人都对它怀有深深的感情和美好的回忆。村中人说：以前古井在冬天的时候会有白腾腾的热气冒出，夏天则清澈甘洌，村妇们在井边汲水、洗衣、大声地说笑，朗朗的笑声常常惊得林鸟穿飞，井边那一块块凹陷的石板见证了这一切。

岁月如梭，如今的古井身上长满了青苔，显得孤寂而又沧桑，它就像一位慈祥的智者，日夜用着古老的语言讲着昨天的故事，嗓音略显嘶哑，有时甚至有些唠叨，但我们永远也不讨厌它。因为村子通了自来水后，古井就处在废弃的状态，垃圾较多，更因为粪池的原因，臭气熏天，为了保护好这个具有乡村人文历史意义的场所，并且以书院为中心要把这里设计成为具有文化感的教育休闲场所，进一步为乡村全面振兴打下坚实的基础。

我们要用学术课题的方式深入挖掘村子的人文内涵同时要用艺术的方式来进行呈现。经过半年的设计筹备工作，由云南师范大学驻村工作队进行设计规划和投入相关建设资金五万余元，界端村民小组也投工投劳进行小池塘清淤工作，并且通过村民众筹方式募集资金一万余元来进行古井上方的阶道硬化。

图 6　改造好的古井泉小公园（杨江波 2020 年拍摄）

存历史遗迹和彰显上河东文化生态，界端古井泉文化景观作为人居环境提升工程也在积极打造中。据考察，界端古井泉的泉池、大榕树和石板路已有六百年的历史，在设计方面充分考虑了地域特点、历史保存、文化休闲、党建教育四个方面，具体设计内容有：木亭、石桥、水池绿化、周围文化历史遗迹保护与介绍等。

水塘清淤养花，一个石桥连接到一座木亭，木亭上方和两侧挂有木匾对联，结合云岫书院，亭子起名为"云亭"，对联和古井石碑均由我创作完成，试图用文化艺术创作价值来彰显古井泉的历史底蕴，其碑铭曰：

苍苍众生，悠悠远古，水火相济，文明由此肇创；半亩方塘，云天一鉴，众翠环绕，界端向日而生。《礼》云："故人者，其天地之德、阴阳之交、鬼神之会、五行之秀气也。"

井水甘冽，白雾升腾，是传是说，龙腾之珠隐于田桑；古木参天，盘根错节，历劫虚心，万物相和以应霞光。

精准扶贫，沐浴党恩，从兹以还，讲信修睦，勤力致富，共修众芳之所在，共谋乡村之振兴。

刻石永祷，心香一瓣，固信国泰民安。

另外，为了彰显民族特色，特意从盈江傣族村落买来手工竹编制作的文化宣传栏和垃圾箱。巷口处岔开了两条线路，一条是老屋比较集中的巷子，另一条通过一个无人居住的老屋则发现一条幽静的小路，外侧长满了竹子等绿植，偶尔可见松鼠在枝间跳跃。我不禁灵机一动：这两条线路配合着古井泉文化完全可以打造成民俗风情巷，巷口挂上标志牌，墙角做上木箱用来栽花，也可以顺便把裸露的铁水管遮挡上，无人居住的老屋打造成民族文化传承中心。村小组长也带领全体村民围绕着古树景观开通了古井周边的一条土路。

图 7 改造古井是村里的大事，村民踊跃投工投劳（杨江波 2020 年拍摄）

乡村振兴是一项国策，它承载着我们民族复兴的伟大使命，在讲求生态文明和绿色经济的今天，如何充分挖掘乡村的古老智慧是值得研究的。云师大驻村工作队的文化帮扶会成为当地一道亮丽的风景线。

界端自然村是上河东最古老的村庄，也是扶贫工作重点打造的示范点，村中古井泉和其背后的大榕树以及周围的石板路都有几百年的历史了，为了增加乡村美育氛围，改善乡风，我对几棵古树都作了诗词，并立牌展示。

通过这种设计营造可以培养村民感恩思进的品德，可以使村里的孩子有读书交流的课外场所，也可以使外出工作的村民有寄托乡愁的地方，甚至达到以文化促进产业发展的目的。

昔日垃圾场变成了古井泉小公园，乡里又划拨了一部分经费，做了党建内容，结合支部工作，进一步评选上了"州级党建示范点"。乡政府的宣传委员赵仁厅对我做了一次访谈，内容如下：

打造乡愁，树感恩心、恢复自信
——采访杨江波说界端古井背后故事

背景：

2020年上半年，云南师范大学驻村工作队员牵头组织规划并结合村民投工投劳在平山乡上河东村界端修建了界端古井公园，老古井于是从原来被遗忘脏乱的窘况变成了一座让人向往充满文化气息的古井公园。在脱贫攻坚战役全面收官阶段，作为脱贫后的贫困村有了崭新的面貌，不禁让人感叹："在党的领导下，原来我们真的可以做到"。

赵仁厅： 为什么要组织打造古井公园？

杨江波： 我随工作队长到界端开展扶贫工作时，看到了这口24小时在流动的井水，感觉很有年代的厚重感，但很可惜已经废弃了。周边的石阶路也很有历史沧桑感，当时就觉得这个历史文化遗迹应该得到尊重和保护。经了解，这座古井已经伴随村子12代人，大概有600多年历史了。现在，我们国家在共产党的领导下，正在变得日益强大。如现在正在开展精准扶贫的工作，我们硬化了很多路，每家每户也喝上了干净的自来水，可以说"两不愁三保障"已经解决了，那是不是应该把这个古井忘了呢？保护古井可以体现和培养"感恩之心"，村民应该对哺育了祖祖辈辈的古井有感恩之心，群众应该对党和政府有感恩之心。我们就是想通过修建古井把"感恩心"焕发出来，有感恩之心才会让我们更加努力地工作。我在公园古井边树立的《古井赋》石碑，就是试图通过古井的文化历史引申出党和政府实施的好政策，也呼吁村民应该珍惜现在的生活，提升内生动力来更好的工作，以便创造更美好的生活。

赵仁厅： 为什么选择界端？

杨江波： 一是巧合，恰巧遇到了界端古井，这是一种缘分；二是经过了解，界端是上河东村历史最久的村落，现在上河东很多村落都是从界端搬出来的；三是界端村民小组历史遗迹比较集中，比如，活动室门口的两棵大榕树是清代土司亲手栽种的，离古井很近。古井上面还有一座古庙，在旁边还有一座大池塘，人文景点比较集中，而且离村委会比较近，这有利于村庄的长远规划。

赵仁厅：界端的风气怎么样？

杨江波：以前，因为寨子比较散，风气不好。现在党委政府非常重视乡村治理，村民也选出了强有力的村组干部，村民还是很团结。当然，现在还是有些不足，村口打牌的人比较多。

一个好的文化景点，会对周围村民有慢慢熏陶的影响作用，潜移默化向好方向转变。比如，你在村头别的地方打牌娱乐，可是如果你坐在古井公园里雅致、有文化气息的凉亭里，不健康的活动与这个气氛不相容的话，他自己也会觉得不舒服。"它"就一直在那里，它对你的影响是一点一滴渗透的。尤其对孩子的影响就更大，我们建的古井公园离学校比较近，也专门修了一条路与学校连了起来，泉水能带来学习灵感。大学里都会有水塘，学校旁边有一座流水的古井公园，我相信对人才教育非常好。村学校和我进行了沟通，计划把一些朗读课、读书日放在古井公园来进行，这里加上读书的声音就完美了。这样的气氛对周边的人、周边的村庄会产生非常好的影响。村里的学生、年轻人是寨子实施乡村振兴的希望，我们的规划就是建好一个中心（云岫书院）、两个基本点（古井公园、中草药文化陈列馆），尽最大努力增强文化氛围，让学生、年轻人了解家乡，热爱家乡，让心中有归属感，有感情寄托，这样才能回报家乡。

赵仁厅：古井泉是如何一步一步建起来的？

杨江波：先了解界端历史，经过反复勘察地形，征求意见，围绕"为什么打造古井"这个主题，自行设计，该修缮的修缮，该保留的保留。有了规划后，积极争取云南师范大学领导和工作队员的支持。在现阶段，习总书记很重视"乡愁"建设，指出要留住乡愁，以文化促进产业发展、促进人居环境的提升，所以向上级争取项目资金，也得到了很好的支持，拨给了十余万元古井建设经费。

在经费不够的情况下，请村组干部组织群众自筹集资投工投劳建设，比如建挡墙、修路垫土、挖池塘、清理池塘淤泥等。在组织过程中，村民很踊跃支持，党员也发挥了带头作用，大家积极的态度说明了大家心里面对古井感情很深。

赵仁厅：您组织修建古井公园，包括云岫书院、中草药文化陈列馆，希望达到一个什么目标？

杨江波：现在开展脱贫攻坚工作，落实挂钩帮扶，我们云师大作为高校的优势就是文化教育资源和人才资源，如果没有发挥好这个优势，对我们而言是遗憾，对你们来说应该是一种损失。我来上河东之后，感觉这里虽然偏远落后一点，但是群众很重视文化教育，村民对老师很尊敬，学生考上大学，大家也互相传颂，即使家里学生考上了学费很高的三本，家里人也会想方设法供学生完成学业。这里的人如此重视教育，我相信将来这里会很有希望，作为一个文化工作者，当然也会发现当地需要加强的薄弱点，就是要让这里的文化环境变得更好，文化做好后，村民凝聚力会更强，如果大家对家乡没有一种热爱感、没有乡愁的话，凝聚力会很差，会把自己否定，因为发现不了自身的美。发现了自己的美，才有利于恢复自信，才有利于今后的发展。这里风景好、有丰富的中草药资源、有多样的民族文化，通过挖掘传统文化、带入现代城市先进文化，两者文化相融才能产生共存共提升的文化氛围。

图8　村小组长测量古井围墙面积（铅笔纸本　杨江波2020年写生）

文化的东西会慢一些但会影响久远，我们不能以急功近利的心态来看待文化，但它会产生持续的作用，就像腾冲和顺，因为有了深厚的文化历史底蕴才带来了文旅经济的发展。

赵仁厅： 您认为界端存在哪些问题？

杨江波： 界端有很长的历史文化，但是因为现在年轻人不多，于是造成活力不足。下一步应该利用好乡村振兴契机，把文旅发展起来，我也和村干部提过，利用好古村落文化资源，进一步提升人居环境，让村庄更美更有吸引力，慢慢打造成"网红村"，以此来吸引人才和带动经济发展。

外出务工青年，今后回来应该是一种趋势。以前村庄基础设施、公共服务差一些，但是国家现在大力开展脱贫攻坚、乡村振兴，政策越来越好，贫困解决了，基础设施越来越好，今后国家会投入更多资金来实施乡村振兴，但是乡村振兴要靠年轻人，靠现在在家的老年人是无法建起来的。

我们现在要做的就是，首先提升人居环境，其次是打造乡愁文化，哪怕你不回来，但你不要忘记家乡，要做新时代乡贤，为家乡做贡献，要知道家乡好，自己才会更好。就像很多有名的大学一样，培养出好学生，这些好学生有成就就会回报母校一样。

乡村教育的一个重要因素就是要调动乡村内生动力，我们在书院和回来的大学生志愿者说："做好两点今后肯定会有出息，第一点要学会主动看书，通过看书学习提高自己；第二点要学会热爱家乡，提高情商，你有一个情感的寄托，将来会成为对社会很有用的人。有钱出钱，没钱出力，没力出想法。"

赵仁厅： 针对古井公园，下一步有什么规划？

杨江波： 一是明年尽力再申请一点儿资金，把到小学的路全部修通，在村小学的围墙上开一道门，方便学生进来；二是充分利用好古井景观，让文化气息再浓一点。在周边多种一些花，让公园变得更漂亮，更有吸引力，如游客进来的话可以让村里更有人气；三是增加党建元素，引导大家树立正确价值观，让社会主义核心价值观深入人心，感党恩、跟党走。

赵仁厅： 您对我们的工作有什么建议？

杨江波： 对老房子、古建筑，能保留的尽量保留，今后会是乡村发展的重要资源。

记录：赵仁厅
2020 年 9 月 28 日

第五节 村史乡贤馆

习近平主席有着很强的历史感，他在2014年7月7日举行的"全民族抗战爆发77周年纪念活动"上提出"历史是最好的教科书"。

目前国家以乡村全面振兴为重要工作任务，其中人才振兴是重要的内容，这体现出以人为本的工作思路。中共中央办公厅　国务院办公厅印发了《关于加快推进乡村人才振兴的意见》，文件要求以习近平新时代中国特色社会主义思想为指导，全面贯彻党的十九大和十九届二中、三中、四中、五中全会精神，坚持和加强党对乡村人才工作的全面领导，坚持农业农村优先发展，坚持把乡村人力资本开发放在首要位置，大力培养本土人才，引导城市人才下乡，推动专业人才服务乡村，吸引各类人才在乡村振兴中建功立业，健全乡村人才工作体制机制，强化人才振兴保障措施，培养造就一支懂农业、爱农村、爱农民的"三农"工作队伍，为全面推进乡村振兴、加快农业农村现代化提供有力人才支撑。

中新网发表文章认为：发力乡村人才开发使用，助力乡村振兴好发展。年轻人预示着未来，没有适宜数量年轻人的聚集，就没有乡村人才振兴。选拔培优乡村振兴的人才要着力从眼下的本土去挖掘"千里马"，要坚持内外兼修，拓宽渠道，既要引进外部人才，尤其是要鼓励城镇人才"上山下乡"，到广阔的乡村大展宏图，又要积极培育乡村本土人才，还要引导本地在外有一技之长的能人和乡贤回乡创业就业，回馈家乡。要转变观念，明确方向，创新形式，育用结合，要敢于、善于使用年轻人，让年轻人在使用中得到锻炼和提升，达到卢卡斯所说的"干中学"的目的。

上河东村民风淳朴，村民重视子女求学上进，团树自然村许多人以前也有外出经商创业的思维。目前为止村民大学生子弟有百人左右，其中还有博士、硕士等高学历人才，村中教育工作者颇多，有任职经历的教师多达百余人，在政府任职的公务员和在外经商的人也很多，这些都是本土乡贤。何况现在国泰民安，政治清明，国家实行精准帮扶政策，云师大、德宏州总工会和县总工会都派遣队员进行了驻村帮扶，也有多名刚毕业的大学生在村官岗位上积极奉献，应该讲这些人都是乡村振兴重要的外来人才力量，可称之为"新乡贤"。为了体现尊重人才的工作理念，进而充分发挥出在乡村振兴中乡

图 9　村史馆内设有展柜，收藏展示村务历史资料
（杨江波 2020 年拍摄）

贤的人才推动作用，云师大驻村扶贫工作队故于 2021 年 4 月 19 日成立"上河东村史乡贤馆"。

　　村史乡贤馆总共分为六部分内容：一是本村乡贤名单，上河东教育乡贤、公职人员及经商乡贤、大学生乡贤、驻村队员、大学生村官以及书院特聘专家名单；二是村民俗文化专栏；三是村民画像专栏；四是传统劳动用具展示；五是村委会办公环境场景展示；六是精准扶贫专栏。

　　另外，还可以有族谱的文化。从村支书口中得知村里大约有十三个姓氏，把这些族谱复印下来，进一步采访每个姓氏有威望的老人，听他们讲述本家族的历史及大的事件，用录音的方式做成口述史。另外，可以在此基础上把各自的家训整理出来，以后可以请书法系的学生把家训内容写成书法条幅悬挂在家中显眼处。

　　本馆成立的意义在于保存展示农耕文化，弘扬精准扶贫精神，也有助于推动上河东村乡贤理事会的成立，整理和利用乡村人才资源。据了解，类似紧密结合乡村振兴内容进行设计打造的村史馆在本县尚属首家。

第六节　乡村文化培训班与志愿者协会

一　文化基础补习班

在一群喧闹的孩子里面，工作队长王新鑫拍摄到了一张笑脸，这个孩子的脸并不白净，也不属于漂亮的那一类型，她手握着毛笔正歪头咧着嘴笑，两只眼睛眯成了一条缝，由于缺了几颗牙齿而显得有些滑稽感，但笑容朴素自然。这个笑容不知为何让我很感动，我用"很上河东"来评价它。在我眼里，上河东村亦是这么质朴，它操着方言显得并不华丽，之前的艰苦生活也让他面色有些苍黑，但在国家精准扶贫政策帮扶下，这个贫困村愈来愈恢复了活力，孩子们不会因贫困而失学，笑脸映衬的三角梅在阳光下开放得愈加鲜艳。

图 10　因为父母外出打工，当地留守儿童数量很多
（铅笔纸本　杨江波 2020 年写生）

农村儿童的身心健康亦是我们扶贫工作所关注的，我们希望看到他们的笑容越来越多，但目前农村确实存在着离婚率逐渐升高，留守儿童的问题也

很突出，据《农村儿童的身心健康》这本书调查显示：

> 据调查显示，农村儿童的心理障碍检出率高达 19.8%，差不多每 5 个孩子中就有一个存在心理问题或行为异常。另一项调查显示，有 55.5% 的留守儿童表现为任性、冷漠、内向、孤独等性格特征。农村留守儿童主要心理问题的表现：1. 自卑心理比较普遍 2. 性格孤僻内向 3. 性格与行为出现偏差 4. 逆反心理严重
>
> 留守儿童心理问题的成因：1. 父母教育缺位 2. 受祖辈溺爱的影响 3. 学校教育不足 4. 社会教育不良①

图 11　书院开办首届"乡村文化培训班"，村民在晚饭后来学习拼音
（杨江波 2020 年拍摄）

儿童的笑脸在很大程度上和家庭有关，队员在入户的过程中，发现诸多村民文化程度低下，这在很大程度上阻碍了劳动力素质的提高和良好家风的形成。针对此种状况，云师大云岫书院开办了"上河东村首届文化基础补习班"，开课要先和村里的退休教师请教，也要根据现实条件来制定课程。村里一名已十几年的教师认为这是一件好事情，但提到会有来几天就不来的情况发生。晚饭后，我来到吉阳村组魏队长的家里，请他明天物色五名有较浓学习兴趣的村民来参加培训，吉阳村组物色五名，大相楼村组再物色五名，首期初级班只招收十名学员。在教学过程中要严肃纪律，课

---

① 张凤梅编著：《农村儿童的身心健康》，西南财经大学出版社 2009 年 7 月第 1 版，第 157 页。

程结束时要组织一次考试，表现优秀者可以给予适当的奖励。学员由学前班幼儿和一部分村民组成，共计十余人。基础课程是学习拼音，由州工会驻村队员龚芮担任首讲教师，龚芮老师认真而又充满风趣的授课获得了学员们的一致好评。

乡村文化的提升非一朝一夕，不断地积累经验持续进行非常重要，云师大驻村扶贫队将充分利用自身文化资源优势为乡村振兴做出贡献。

二 志愿者协会

我参加扶贫驻村工作以来，发现文化贫瘠是当地生活贫困的内在原因之一，很多五十岁以上的村民识字困难，这对于劳动者素质的提高造成了极大的影响，十年前的上河东村交通不便，很多村民家境困难，另外上学时仅仅靠腿走路也是求学障碍原因之一。但今天在国家政府的关怀下，由于精准扶贫政策的帮扶，上河东村的主要公路和入户道路都得到了硬化，路途偏远、生活环境不便的村庄也实施了搬迁，红富村、集益村、吉阳村都是搬迁以后的新村。这些新村洋溢着新的气象，青砖灰瓦映衬着绿树红花，诸多学子也考上了大学，贫困户家庭甚至享受着国家一定数额的教育补贴，因上学致贫的现象得到极大的改善。

为了广泛发动上河东村的扶贫力量，也为了给本村青年学子以成长锻炼的机会。云南师范大学云岫书院成立志愿者协会，这些青年学子性格明朗，求知心切，是家庭的希望、村庄的希望，更是国家未来的栋梁。在扶贫工作中如何激发这个群体的热情与潜力也是很重要的事情，以本村大学生为主体力量，初高中生辅助参与，这是培养"我为人人，人人为我"的优秀工作品质的重要途径。这群大学生是本村村民的孩子，在外出学习期间，他们的视野思维得到了很大的开阔，而这个群体将来学有所成又可以反哺给自己的家乡。仅仅从眼前利益来讲，他们也可以通过自己的行动来提升和影响周边的人，长久下去，这种辐射力亦是可以产生"星星之火可以燎原"的效果。

在成立会议上，上河东村党支部闫书记热情赞扬了志愿者们爱家乡、投身公益的热情，这体现出青年学子积极有为的青春活力。同时结合自己在基层的体会，鼓励志愿者们不但要学好文化知识也要关注家乡的发展，只有把自己的前途和家乡的发展紧密结合在一起才能在事业上更加有为。随后，我对志愿者们进行了相关培训，对志愿者的概念、国家志愿者协会的宗旨、国

图12 村中大学生志愿者照片墙（杨江波 2020 年拍摄）

家青年志愿者的使命与任务等几个方面进行了认真学习。同时本次大会也选举出了秘书长和副秘书长。秘书长由家住在红富村组，目前正在昆明理工大学读研究生的魏同学担任；副秘书长由家住在吉阳村组，目前就读于云南师范大学的张同学担任。会议最后，各位志愿者也纷纷发言，表明了自己对志愿工作的信心。

第二天上午，在我的组织主持下，志愿者协会副会长龚睿对志愿者们进行了入户调查的相关业务培训。龚老师分享了自己的驻村工作经验，对入户调查要注意的相关问题做了详细的说明，另外一位老师因在外地没能赶回，但在电话里也对调查工作分组问题做了周密安排。随后对志愿者们发放了调查表格和做了具体分工。

此后，志愿者们在村民大会宣讲了国家的相关扶贫政策，他们在日常也会挂钩到户进行政策宣讲，也会到村委会和书院辅助相关事务。书院要求志愿者们入户必须佩戴工作证，也要在群里发入户工作照。从群里反馈的情况看，志愿者们工作的热情很高，因为熟悉的缘故，也很容易和村民打交道。

志愿者协会的成立对于扶贫工作将是一个很好的助力，也将为乡村的发展注入越来越多的本土新生力量，相信云南师范大学与州、县工会、平山乡政府以及村三委形成的扶贫工作合力最终可以打造出一个美丽和谐的上河东村。

其实通过志愿者的行为关键是要培养志愿者的心态，理想的状态是：每个人都应该有志愿者的心态，在日常生活工作中学会付出、感恩、快乐、互助、提高，我想如果那样，我们的生活环境将变成一个和谐美好的世界。

云师大云岫书院下一步还要继续扩大志愿者规模，广泛动员村里相关力量来进行相关工作，这是云师大驻村工作队的扶贫新举措。

第五章　绘本里的上河东民族志

将学术研究主体和影像链接在一起的方式在国外被称为"视觉人类学"或"影像人类学",以动态影像为记录手段的方式类似于纪录片,但它强调的是传达人类学的价值。

早在人类学产生之前,游历者们就热衷于图绘风土人情,并刊行成册。如18世纪西方画师威廉·亚历山大(William Alexander)在随团访问中国期间写生了几百幅水彩画,并归国后出版了《中国服饰》和《中国人衣冠风俗图解》两部画册。在中国,清代乾隆皇帝下诏完成九卷本的《皇清职贡图》,在此卷中绘制了六百幅民族人物,图文并茂,所绘内容客观,注解详细,能够揭示出那一时期族群的社会结构、文化内容等人类学内容。但随着工业科技的产生,相机开始代替了画家的画笔,它能更为客观和便易的记录"真实"事件和场景。1839年法国人路易·雅克·曼德·达盖尔(Louis-Jacques-Mandé Daguerre)发明了"银版摄影术",此后发展的静态摄影术具有客观、易传播、可信度高等特点被研究者们所青睐,人类学摄影不同于艺术摄影,它要真实地反映出相关信息,因此才具有文献价值和研究价值。1889年,美国人托马斯·爱迪生(Thomas Alva Edison)发明了"电影视镜",1895年,法国人卢米埃尔兄弟,哥哥是奥古斯塔·卢米埃尔(Auguste Lumière),弟弟是路易斯·卢米埃尔(Louis Lumière),他们又将活动影像展现在幕布上供人欣赏,从此,电影这种形式也成了社会文明重要的记录者。19世纪末至20世纪初,人类学倡导田野调查,此时的人类学家对于土著文化很感兴趣,他们以参与者的身份来进行观察和思考,这些原始文明与现代社会有很大的不同,人类学者抢救濒危文化的行为被看作是"拯救",在这其中,影像记录充当了很重要的角色。人类学注重实证与体验,影像需无情感的记录才有资料价值,"平实""控制""系统"是其关键词。其实,要完全避免拍摄者的主观感情倾向是不可能的，关键是观察者在拍摄时要融入人类学的学科理念使之成为一种学术文本。它与文字相互补充共同构建了人类学文化大厦，在异文化场景里图像比文字更便于沟通交流，而且它可以让解读更富于个性化。

2020年庄孔韶教授汇集了学术论文和绘画作品主编了《绘画人类学》一书，他认为画家写生之前若能有人类学田野工作和田野体验的话，那么对所绘对象的社会组织，人群关系以及情感与信仰就会有整体性的了解，这样可以使作品减少"陌生感和疏离感"，这种画家和研究地之间深度互动使得绘画作品具有了人类学的内涵特征，要深入了解一个地方就需要跨学科的学术思维。如果画家用一个人类学家的视角去观察和描绘眼前的对象，作品会更具有人文性。

人类学绘画与一般的下乡绘画写生不同，它一定具有田野考察的性质，通过田野考察整体熟悉此地地理、民俗、信仰等内容，并有相关理论上的深度思索。观察和记录村民真实的生存状况和生活环境，这是画笔里的访问，研究者对当地生活既要参与进来，又要作为旁观者来进行冷静的观察，用洞察社会变迁的目光，纪实性地描绘。在这时，画家就不是单纯的创作，而是用社会学家的视野来思索社会变动和乡村细节，具有人本意味和人文色彩。

第一节　乡村调研速写绘本

图1　当地植物形态迥异于北方（铅笔纸本 杨江波2019年写生）

扶贫记忆：上河东村艺术乡建民族志

图 2　驻村队员所住村委会木楼二楼宿舍的走廊
（铅笔纸本　杨江波 2019 年写生）

图 3　年轻的驻村工作队队长（铅笔纸本
杨江波 2019 年写生）

第五章 绘本里的上河东民族志

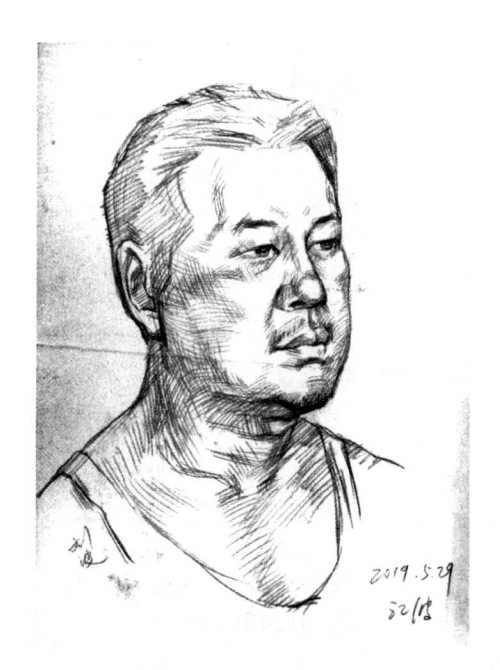

图4 云师大驻村工作队队员（铅笔纸本 杨江波2019年写生）

图5 壮实能干的界端自然村队长（铅笔纸本 杨江波2020年写生）

图 6　走路蹒跚的村中老人（铅笔纸本　杨江波 2020 年写生）

图 7　每次召开村民会议前，村小组长都需要用喇叭催促
（铅笔纸本　杨江波 2020 年写生）

第五章 绘本里的上河东民族志

图 8 当地年长的民族妇女依然习惯穿民族服装
（铅笔纸本 杨江波 2020 年写生）

图 9 当地产茶，家里来了客人用玻璃杯泡茶是一种待客习惯
（铅笔纸本 杨江波 2020 年写生）

图 10　退休的村小学教师（铅笔纸本　杨江波 2020 年写生）

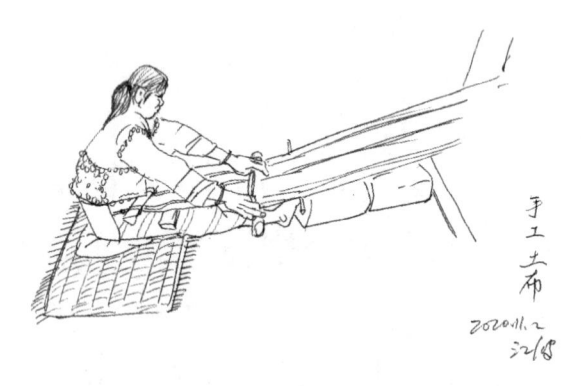

图 11　织土布的德昂族非遗传承人（铅笔纸本　杨江波 2020 年写生）

第五章 绘本里的上河东民族志

图12 农村外出打工者多，在增加物质财富的同时，
也会有留守儿童的问题，离婚率也呈上升趋势
（铅笔纸本 杨江波2020年写生）

图13 来书院阅读的老人喜欢看历史书
（铅笔纸本 杨江波2020年写生）

扶贫记忆：上河东村艺术乡建民族志

图 14　在民族村做普查工作时，当地安排了懂汉语的村民当翻译
（铅笔纸本　杨江波 2020 年写生）

图 15　村中难得的 60 多岁的老高中生
（铅笔纸本　杨江波 2020 年写生）

第五章 绘本里的上河东民族志

图 16　有手工刺绣的背腰是当地带娃的必备品
　　（铅笔纸本　杨江波 2019 年写生）

图 17　刚下工的德昂族妇女
　　（铅笔纸本　杨江波 2020 年写生）

· 111 ·

扶贫记忆：上河东村艺术乡建民族志

图 18　打伞背孩子的村中妇女（铅笔纸本　杨江波 2019 年写生）

图 19　芒市德昂族妇女（铅笔纸本　杨江波 2020 年写生）

第五章 绘本里的上河东民族志

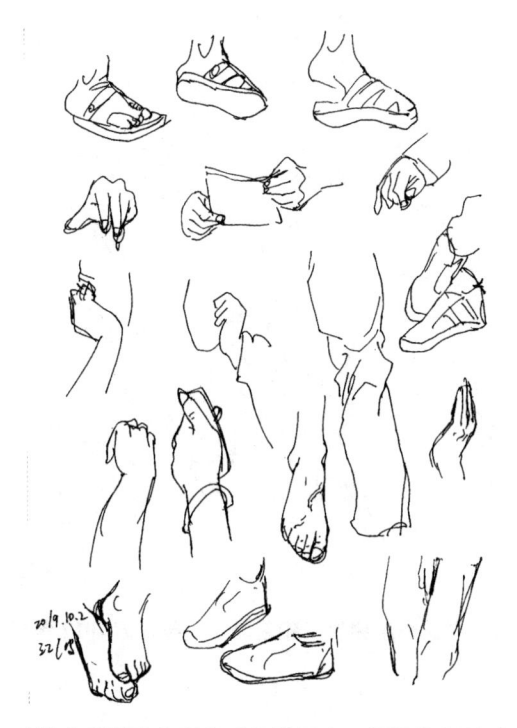

图 20 当地人手脚动态观察（铅笔纸本 杨江波 2019 年写生）

图 21 村中闲聊的老人（铅笔纸本 杨江波 2019 年写生）

· 113 ·

扶贫记忆：上河东村艺术乡建民族志

图 22　村民小组会议（铅笔纸本　杨江波 2019 年写生）

图 23　当地傣族传统木楼（铅笔纸本　杨江波 2019 年写生）

第五章　绘本里的上河东民族志

图 24　榕树可以独木成林（铅笔纸本　杨江波 2019 年写生）

图 25　盈江那邦口岸小镇（铅笔纸本　杨江波 2019 年写生）

扶贫记忆：上河东村艺术乡建民族志

图 26　梁河县城路两侧种有大量景观植物"菠萝蜜"
（铅笔纸本　杨江波 2019 年写生）

图 27　当地芭蕉很多，芭蕉芯是可以食用的，其果实味道甜美
（铅笔纸本　杨江波 2019 年写生）

第五章　绘本里的上河东民族志

图 28　当地气候湿润，植被丰富，有谚语"插了筷子也能活，插根扁担也能开花"（铅笔纸本　杨江波 2019 年写生）

图 29　界端村六百年的大榕树下常围有村民闲聊
（铅笔纸本　杨江波 2019 年写生）

图 30　成熟的芭蕉果实（铅笔纸本　杨江波 2019 年写生）

图 31　当地丰富的植被（铅笔纸本　杨江波 2019 年写生）

第五章 绘本里的上河东民族志

图 32 村中犬多,给驻村队员入户造成一定困扰
（铅笔纸本 杨江波 2019 年写生）

图 33 上河东村最有历史的古榕树,传为当年土司所栽
（铅笔纸本 杨江波 2019 年写生）

图 34　在村支书家做客时所画其所住的传统土坯房
（铅笔纸本　杨江波 2019 年写生）

第二节　草药实地研究绘本

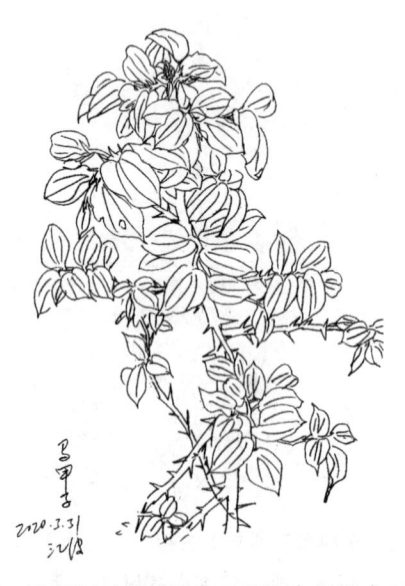

图 35　马甲子（铅笔纸本　杨江波 2020 年写生）

第五章 绘本里的上河东民族志

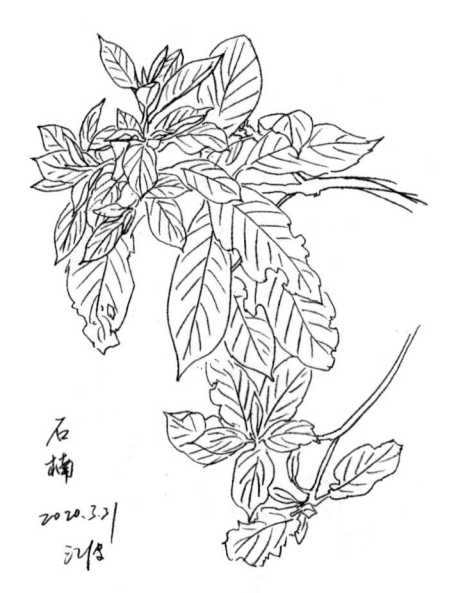

图36 石楠（铅笔纸本 杨江波2020年写生）

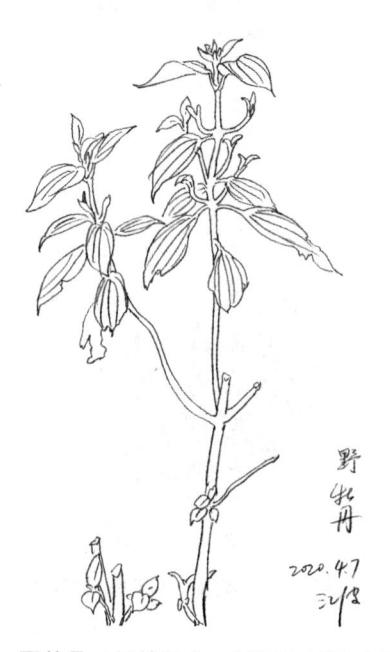

图37 野牡丹（铅笔纸本 杨江波2020年写生）

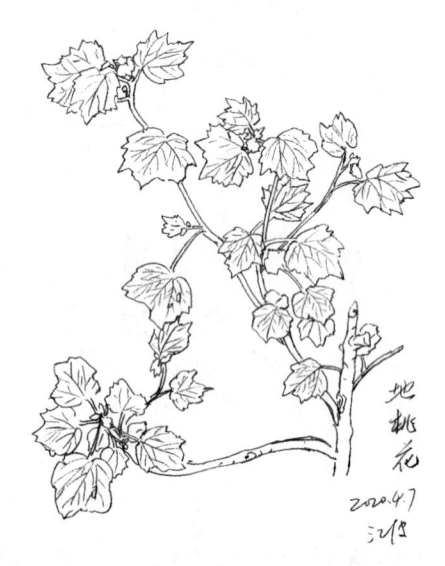

图 38　地桃花（铅笔纸本　杨江波 2020 年写生）

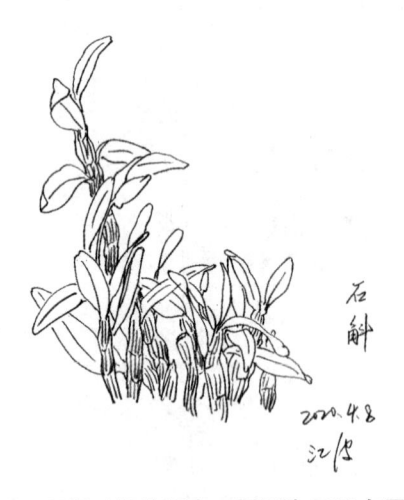

图 39　石斛（铅笔纸本　杨江波 2020 年写生）

第五章　绘本里的上河东民族志

图 40　白背枫（铅笔纸本　杨江波 2020 年写生）

图 41　蓬藟（铅笔纸本　杨江波 2020 年写生）

图 42　羊奶果（铅笔纸本　杨江波 2020 年写生）

图 43　玉竹（铅笔纸本　杨江波 2020 年写生）

第五章　绘本里的上河东民族志

图 44　土荆芥（铅笔纸本　杨江波 2020 年写生）

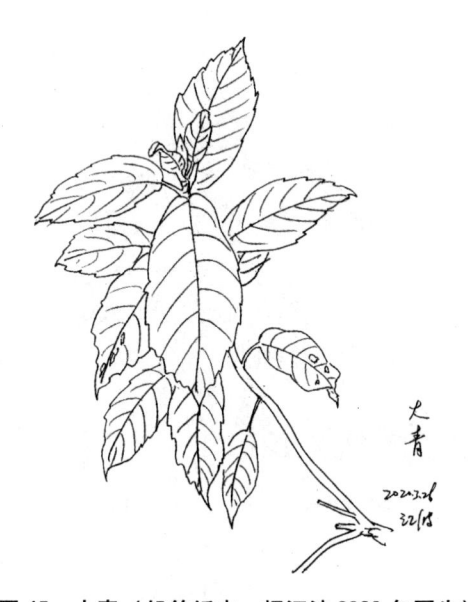

图 45　大青（铅笔纸本　杨江波 2020 年写生）

· 125 ·

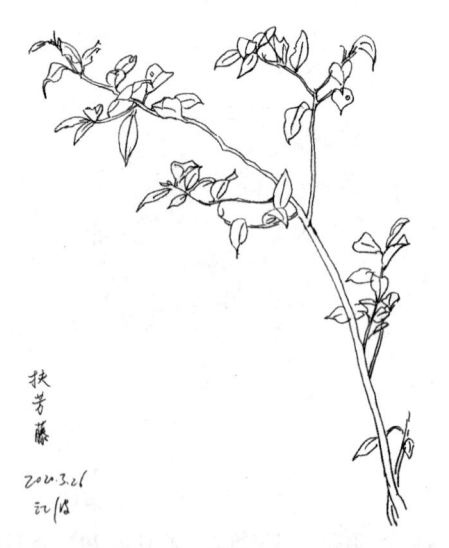

图 46 扶芳藤（铅笔纸本 杨江波 2020 年写生）

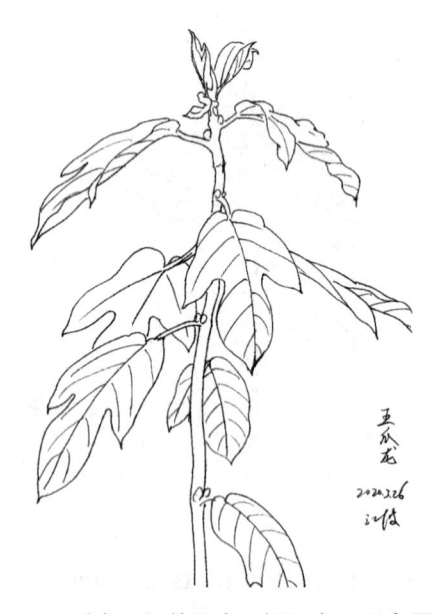

图 47 五爪龙（铅笔纸本 杨江波 2020 年写生）

第五章 绘本里的上河东民族志

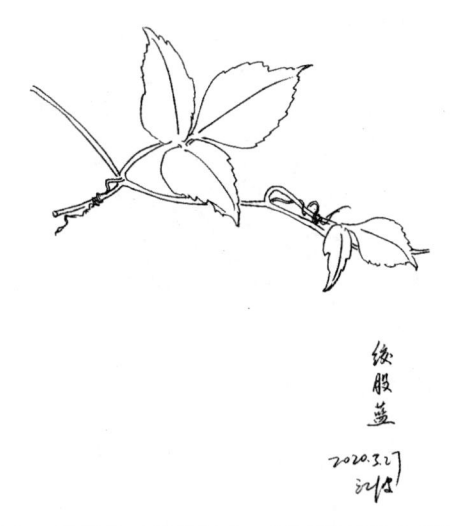

图48　绞股蓝（铅笔纸本　杨江波2020年写生）

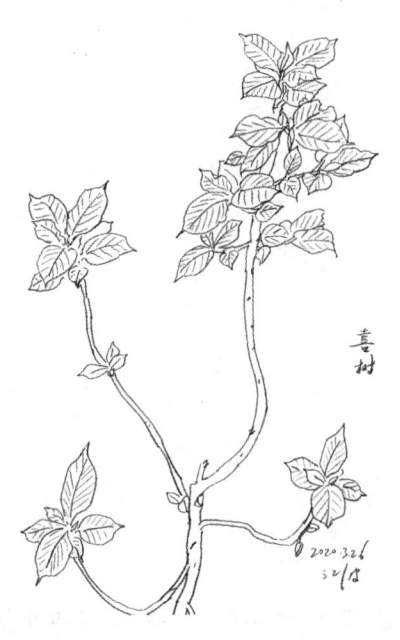

图49　喜树（铅笔纸本　杨江波2020年写生）

图 50　仙茅（铅笔纸本　杨江波 2020 年写生）

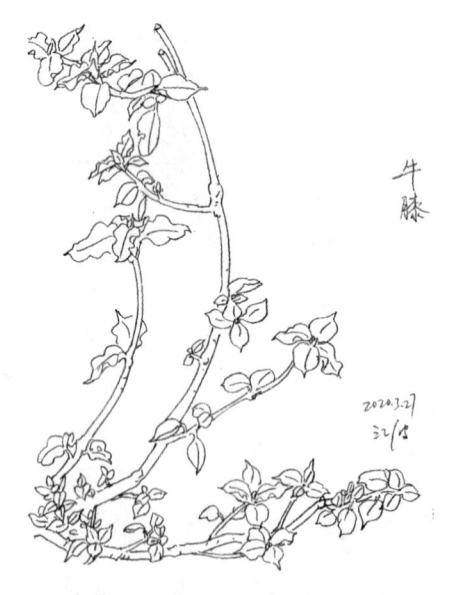

图 51　牛膝（铅笔纸本　杨江波 2020 年写生）

第五章 绘本里的上河东民族志

图 52 艾草（铅笔纸本 杨江波 2020 年写生）

图 53 杜若（铅笔纸本 杨江波 2020 年写生）

· 129 ·

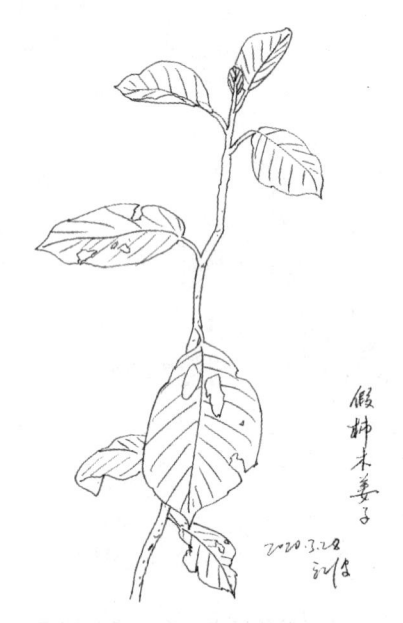

图 54　假柿木姜子（铅笔纸本　杨江波 2020 年写生）

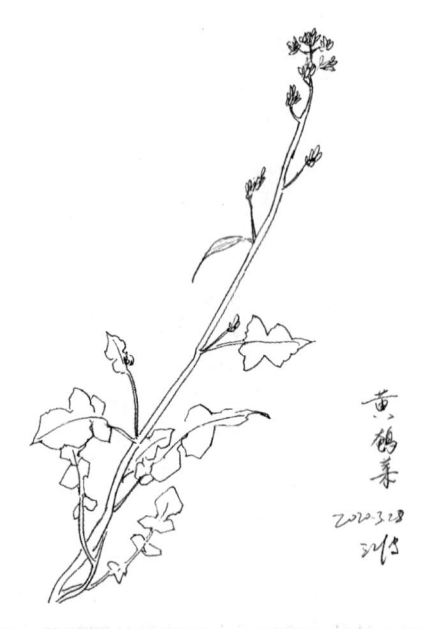

图 55　黄鹌菜（铅笔纸本　杨江波 2020 年写生）

第五章 绘本里的上河东民族志

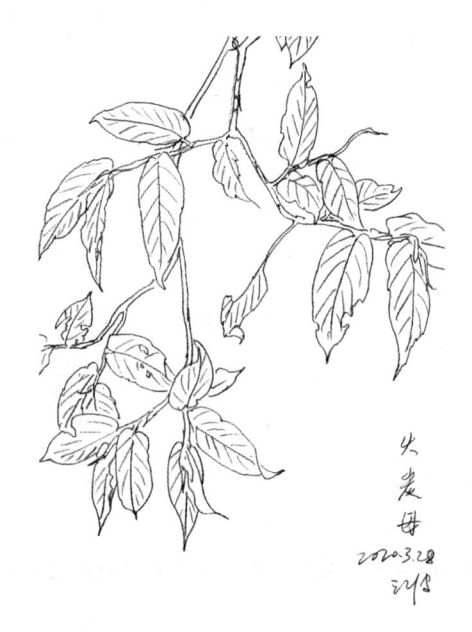

图 56 火炭母（铅笔纸本 杨江波 2020 年写生）

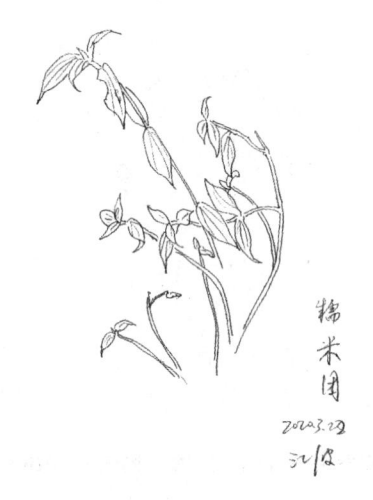

图 57 糯米团（铅笔纸本 杨江波 2020 年写生）

图 58 茅莓（铅笔纸本 杨江波 2020 年写生）

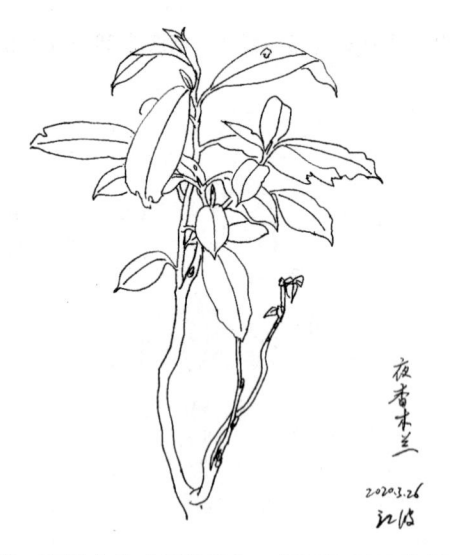

图 59 夜香木兰（铅笔纸本 杨江波 2020 年写生）

第五章 绘本里的上河东民族志

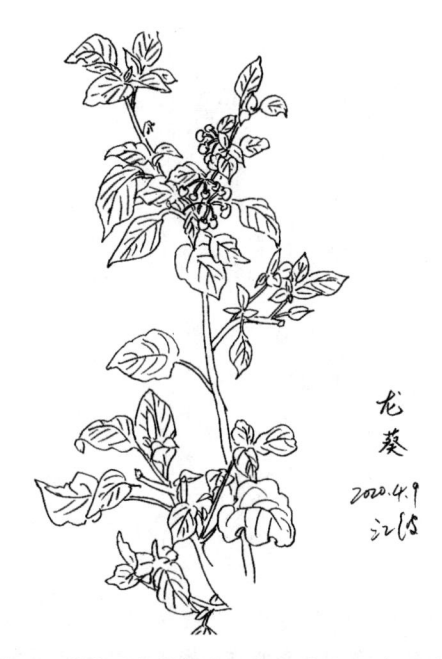

图 60 龙葵（铅笔纸本 杨江波 2020 年写生）

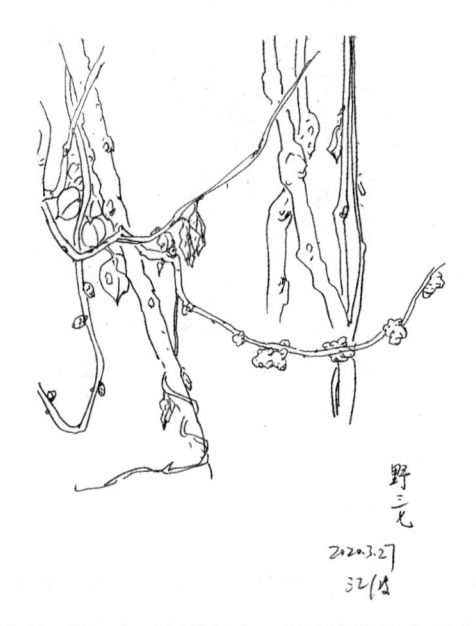

图 61 野三七（铅笔纸本 杨江波 2020 年写生）

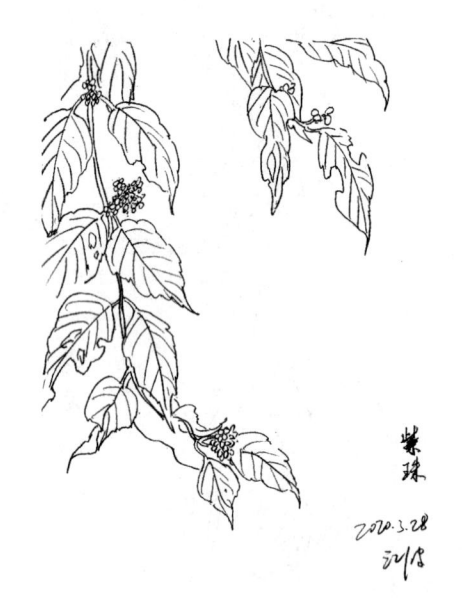

图 62　紫珠（铅笔纸本　杨江波 2020 年写生）

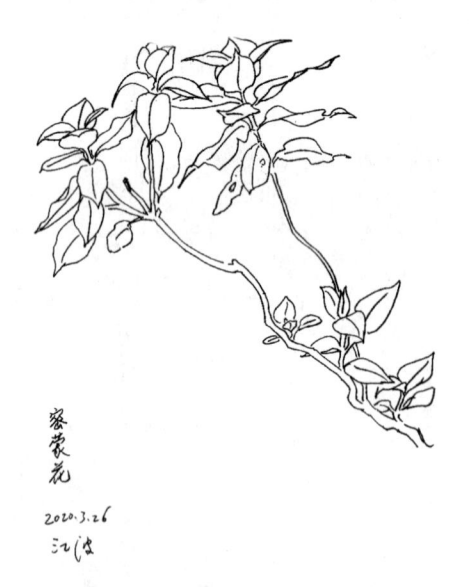

图 63　密蒙花（铅笔纸本　杨江波 2020 年写生）

第五章 绘本里的上河东民族志

图 64 艳山姜（铅笔纸本 杨江波 2020 年写生）

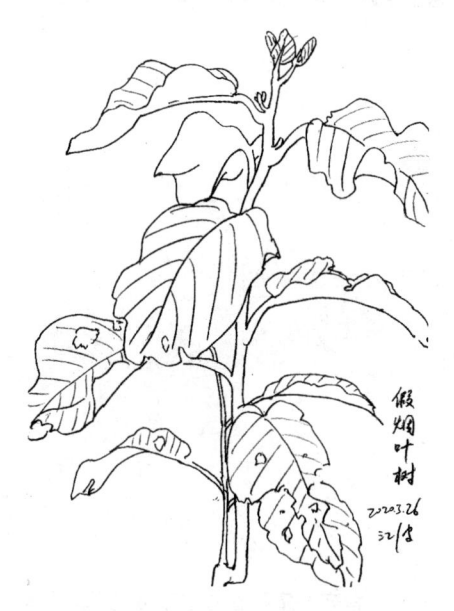

图 65 假烟叶树（铅笔纸本 杨江波 2020 年写生）

第三节　乡村调研水墨绘本

图66　趴在地上绘画的乡村儿童（纸本水墨　杨江波2020年写生）

图67　留守儿童往往过春节才能见到父母
（纸本水墨　杨江波2020年写生）

第五章　绘本里的上河东民族志

图68　年轻人外出打工，家中只留有老人和孩子
（纸本水墨　杨江波 2020 年写生）

图69　古老的乡村，年迈的老人
（纸本水墨　杨江波 2019 年写生）

扶贫记忆：上河东村艺术乡建民族志

图 70 平常寄宿在学校，周末才能回家的小学生
（纸本水墨 杨江波 2020 年写生）

图 71 村民用南瓜叶当遮雨的草帽
（纸本水墨 杨江波 2020 年写生）

第五章 绘本里的上河东民族志

图72 卫生院医生给村小学学生打预防针
（纸本水墨 杨江波2020年写生）

图73 来村集市卖水果的阿昌族妇女
（纸本水墨 杨江波2019年写生）

图 74　村民把木材泡在水里两年以上才能建房使用
（纸本水墨　杨江波 2020 年写生）

图 75　在龙陵县向阳寨考察土陶技艺时所见
（纸本水墨　杨江波 2020 年写生）

第五章 绘本里的上河东民族志

图 76 德昂族酸茶有着独特的发酵工艺，茶叶经过杀青揉捻后，放在密封的竹筒，然后埋在一米深的土坑里一百天发酵，最后捣成泥状晾晒成型（纸本水墨 杨江波 2020 年写生）

图 77 德昂族属于大分散小聚居的山地少数民族，许多人通傣语、汉语和景颇语（纸本水墨 杨江波 2020 年写生）

扶贫记忆：上河东村艺术乡建民族志

图78 德昂族自称"茶的子孙"，茶文化名目繁多，有请客茶、提亲茶、求助茶、道歉茶等大约二十种
（纸本水墨 杨江波2020年写生）

图79 当地人喜抽大烟筒，且可以多人公用
（纸本水墨 杨江波2019年写生）

第五章 绘本里的上河东民族志

图 80 村干部经常入户调解相关纠纷问题
（纸本水墨 杨江波 2019 年写生）

图 81 在县城市场卖水果的商贩（纸本水墨 杨江波 2020 年写生）

扶贫记忆：上河东村艺术乡建民族志

图 82　在上河东村委会会议室召开"贫困县退出自检自查研判会"
（纸本水墨　杨江波 2019 年写生）

图 83　建档立卡户都会发一个专用文件袋用来集中收纳相关材料
（纸本水墨　杨江波 2019 年写生）

第五章　绘本里的上河东民族志

图 84　入户是驻村工作队员的工作常态（纸本水墨　杨江波 2019 年写生）

图 85　建档立卡户家中都有一个明白卡，上面写有详细的家庭信息
（纸本水墨　杨江波 2019 年写生）

扶贫记忆：上河东村艺术乡建民族志

图 86　其他村的驻村队员到我们村普查（纸本水墨　杨江波 2019 年写生）

图 87　云师大处级干部到挂钩家庭中进行走访帮扶
（纸本水墨　杨江波 2019 年写生）

第五章 绘本里的上河东民族志

图 88 "扶贫工作百日攻坚工作部署会议"在乡挂村领导主持下在村委会会议室召开（纸本水墨 杨江波 2019 年写生）

图 89 界端自然村老人（纸本水墨 杨江波 2019 年写生）

扶贫记忆：上河东村艺术乡建民族志

图 90 主持"新米节"祭祀仪式的佤族"魔巴"
（纸本水墨 杨江波 2019 年写生）

图 91 村中年轻的兽医（纸本水墨 杨江波 2019 年写生）

第五章　绘本里的上河东民族志

图 92　留着胡子的吉阳村队长（纸本水墨　杨江波 2019 年写生）

图 93　赶集市的老人（纸本水墨　杨江波 2019 年写生）

扶贫记忆：上河东村艺术乡建民族志

图 94　常来书院的老人（纸本水墨　杨江波 2019 年写生）

图 95　穿着像少数民族的汉族妇女（纸本水墨　杨江波 2019 年写生）

第五章 绘本里的上河东民族志

图 96 智力有残疾的建档立卡户男子（纸本水墨 杨江波 2019 年写生）

图 97 村委会副主任（纸本水墨 杨江波 2019 年写生）

扶贫记忆：上河东村艺术乡建民族志

图 98　戴帽子的老人（纸本水墨　杨江波 2019 年写生）

图 99　村退休教师（纸本水墨　杨江波 2019 年写生）

第五章 绘本里的上河东民族志

图 100 祖上是明代将军的村支书（纸本水墨 杨江波 2019 年写生）

图 101 界端小学的学生在看昆明中华小学学生的美术作品
（纸本水墨 杨江波 2019 年写生）

图 102　大理集市的白族小吃摊（纸本水墨　杨江波 2020 年写生）

第六章　诗歌里的上河东民族志

　　有一天晚上我在宿舍里听到楼下村委会闫生堂支书在哼唱山歌，歌词虽然有些听不懂，但他有些沙哑的嗓子哼出来的曲调很有些乡土韵味，在这彩云追月的边陲山谷里响起几声山歌也是很美妙的事情，这引起了我浓烈的兴趣。后来又从村委会杨副主任和一位热衷于此的界端村民那里又陆续了解了一些当地山歌的知识，这是一种即兴表达感情的演唱方式，既可以对唱又可以独唱，在当地有着久远的历史和广泛的群众基础。梁河县山歌文化悠久，其中阿昌族没有文字，但口头文学发达，民间有"阿昌生来犟，不哭就要唱"的谚语流传，唱山歌既可以用汉语演唱，又可以用阿昌语演唱，按照演唱的场合不同，可分为祭祀歌、山歌等，山歌形式灵活，轻松有趣，可以传达情意，增强气氛。精准扶贫期间，当地群众也常用山歌这种形式作为表达对党和政府的感恩的重要情感载体使用。如较短歌词内容是：吃水不忘挖井人呀嗦嗦米咪嗦咪哆啦，幸福不忘党的恩哆哆咪啦西嗦嗦啦哆嗦。

　　我很想学会山歌演唱，但当地人告诉我用普通话唱的"不对"，也确实用方言演唱山歌才能出来乡土的味道，本地口音带有"噶""给"等语气词，"去"是"克"，大家在微信群里发文字语言也会用方言编辑。

　　我通过手机录像的方式，也录过大约三十首山歌演唱，歌词普遍有诗化的特点，讲究断句字数相同，有的重点字会重复出现，为了朗朗上口句尾也会押韵。

　　除了搜集山歌，我驻村期间，除了用绘画的方式来观察这一地域群体之外，创作诗歌也是一种重要的观察载体，其实，诗歌人类学作为人类学民族志研究的一种形式早已发端。人类学研究者把陌生环境的所见所闻通过民族志的方式传达给读者，民族志的发展也分为几个阶段，由最初的自发随意性逐渐发展到科学和开放多元阶段，其实马林诺夫斯基"科学民族志"也并不是完全没有研究者主观情绪的融入，诗歌创作若带有人类学的视野就会具有民族志的学术价值。2020年诗人周瑟瑟新书《中国诗歌田野调查》出版，他认为诗歌创作要走出书斋"直接观察"社会，人类学中的处在陌生环境的田野调查会有助于增强诗人的感受力和敏锐力。

我驻村两年，在这两年里我通过入户调研、通过旅行考察较为整体地了解了这个地域，尤为难得是，因为是工作的身份，和当地村民、政府人员多有交道，甚至还有很多观念上的冲突和工作方式的磨合，这种沉浸式的体验让我的诗歌创作有别于下乡采风的艺术家。可以说是以人类学的观察者和异域文化的体验者来写作诗歌的，我在个体化的主观感情背后思索体验场的思维观念、生活方式、地域文化、风俗习惯、经济行为等内容。

我的诗歌灵感来自深刻的实地体验，诗歌中所选情感载体及抒情内容反映了人类学普遍关注的民族性问题，上河东乃至周边地域表面文化的多元存在，其实是有着内在一致性精神的族群，于是我试图在诗意表现中通过符号化的表现来折射整个民族地区的文化精髓。

第一节　散文诗

对于艺术创作来说，多掌握一些表现手段会让艺术家多一些表达上的自由。因为任何一种表现形式虽然有它的表现优势，但也会相应的有它力不从心之处。当我面对着乡村美丽的景物和紧张的扶贫工作时，有时喜欢用绘画的方式，有时喜欢用文字的方式。这些散文诗虽然不够成熟，但是我真情实感的流露，在字里行间您或许会感受到这种炽热的乡土情感，也在一定程度上也舒缓了我在工作上的压力。

一　柴刀

村民的腰上常见您的背影
有时斜挎
有时手握
刀把为木柄
上面还有竹皮的编织

第六章　诗歌里的上河东民族志

刀身黝黑
刃处闪耀寒光
逢山开路，遇难成祥
刀尖向内弯成
漂亮的弧形
那是含蓄的智慧
那是日月的象征
啊，小小一把刀
承载着历史的密码
彰显着民族的奋斗
淬火千锤
挥臂举刀
日月与刀光交辉
生命的尊严
展露无遗
如今
您静静的插在厨房的刀架上
并无一丝灰尘
主人身体日渐羸弱
但常常抚摸您
伴随一声声叹息
回忆着年轻时的故事
割猪草
唱山歌
砍芭蕉
青春的时光如此美妙
儿子已长大，居住在城市
可他回家时
老人常常向他展示这把柴刀
讲述家庭和村庄的过往
有时脸上挂着泪水

有时又爽朗大笑

……

图 1　上河东村民家中厨房放置的柴刀（杨江波　2019 年拍摄）

二　您把枝丫伸上了寂空——界端榕树赞

您的脸庞迎着朝阳
又送走夕阳
岁岁年年
年年岁岁
枝丫滋润着雨露
播洒出一片清凉
老人围坐树下挥扇，讲述的是年轮的旋舞
儿童牵手丈量树身，关心的是池塘的蛙鸣
啊，这是一首赞歌
您的身体如此伟岸
您的笑声如此爽朗
这是历经沧桑后的沉静
沉静
沉静
闪电划破夜空，不过是您智慧的灵光
狂风摇撼树叶的声音，不过是您性情的吟唱
清晨

雨后
云雾从山谷中升起
树身隐显，餐风饮露
美丽的鸟儿围绕在您的身边
唧唧鸟鸣唱出村庄的晨曲
人们扛着锄头出坡
或荷锄而归
您总是笑脸相迎
伸向寂空的枝丫一阵婆娑
啊，难忘您
家乡榕树

图 2　界端村委会门口的两棵大榕树（杨江波　2019 年拍摄）

三　三角梅

遇见
回眸
被你惊艳到
是满天云霞，还是一匹织锦
它醉了
我也醉了
一抹高原红映红了
整座村庄

叶子是花
花是叶子
是怎样的经历凝成了
是怎样的心情写成了
生命的赞歌
每当驻足
花叶含着雨露
微颤
没有花香，只有绽放
绽放成一片
今日的心情
……

图 3 界端村盛开的三角梅（杨江波 2019 年拍摄）

四 虎头兰

一堵老墙
一段树桩
几撇绿叶
虽然柔顺，但并不娇弱
发达的根系
足以让你傲视高原的阳光
偃伏的身姿

第六章　诗歌里的上河东民族志

却蕴含不屈的生命力
凤眼交错
长短参差
自然之美在于荒率
自然之美在于粗朴
在磅礴绵长的雨季
或者干燥的旱季
乃至湿冷的冬季
你总是依靠着老墙
默默无言
平和低调
把绚烂让给了三角梅
把喧哗让给了芭蕉
但你最终
成为了村民的最爱
看哪

图4　红富村村民庭院中种植的虎头兰
（杨江波　2020年拍摄）

小学的庭院摆满了
看哪
村碑的上头装饰了
看哪
一簇簇
清雅而又顽强
人们亲切地喊你
虎头兰
虎头兰

五　阿昌帽

黑色的帽身
悠远神秘
那是民族的自尊
啊
他们是滇地最早的土著
怒江养育了他们
七彩帽缀
灿若云霞
那是生活的畅想
随风而动
随时起舞
彰显着品性正直
追求着心灵纯洁
东方霓裳
这是遮帕麻和遮咪麻的后代
遮帕麻
遮咪麻
织天造地

混沌为之一开
英勇的遮帕麻射落假太阳
于是人类繁衍
于是文明肇创
今天
阿昌族的人民乐观智慧
国家政策正确伟大
恰逢新时代
村寨欣荣
人们欢舞
蹬窝罗啊蹬窝罗
昼夜不息
……

图5 梁河县娥昌民族服装厂制作的阿昌族男式帽（杨江波 2020年拍摄）

第二节 格律诗

格律诗讲究平仄押韵，自有一种古典深邃之美。但作诗需推敲打磨，反复吟咏，较为难得。乡村振兴需彰显诗意栖居之美，人人培养一种诗意，才会发现乡村之美，才会链接到中国悠久的农耕文明，也才会推陈出新，让乡村焕发出新时代的魅力。

扶贫记忆：上河东村艺术乡建民族志

一　腾冲考察

考察美丽乡村有感①（2020 年 3 月 22 日）

挂角耕读余脉远，②
无边山色一时新。
绕村一水多民宿，
齐奏乡村万古琴。

图 6　腾冲董官村（杨江波　2020 年拍摄）

---

①　腾冲毗邻梁河，是我周末常去考察的地方。这里重视乡村建设，打造了一批有传统文化底蕴的美丽乡村，诸多民宿逐渐兴起，旅游产业发展较好。
②　"挂角读书"此典故出于《新唐书卷八四李密传》："以蒲鞯乘牛，挂汉书一帙角上，行且读。"以此比喻勤奋读书的美德。

· 164 ·

第六章　诗歌里的上河东民族志

腾冲遇杨府大院（2020年3月21日）

腾冲边地本家府，①
小巷春风燕几行。
正恼无人询去处，
杜鹃满树探出墙。

图7　腾冲上绮罗杨家巷旧民居的土墙
（杨江波　2020年拍摄）

---

① 腾冲上绮罗杨家巷是当地著名侨乡，历来人才辈出，杨家大院占地近三亩，总建筑面积为一千平米，是旅缅侨商杨大文历时三年打造的，整体风格为三坊一照壁，四合五天井，走马串角楼。建房木料用的是当地楸木。

· 165 ·

勐蚌村探访（2020年3月21日）

九曲驱车平谷深，①
梯田陡峭望叠痕。
恰逢三月春光好，
恰似黄金花满盆。②

图 8 腾冲勐蚌村梯田（杨江波 2020 年拍摄）

---

① 云南多山路，驱车盘旋而行，故为"九曲"。
② 此地盛产油菜，每到三月份，油菜花开，远远望去，一片黄色，位于山谷间犹如金盆一般。

第六章　诗歌里的上河东民族志

腾冲药王宫（2020 年 4 月 6 日）

此地人文璀璨光，
一枝腾药世流芳。①
生苔古井尤能鉴，
思过亭中诚信扬。

图 9　位于腾冲县城的药王宫（杨江波　2020 年拍摄）

---

① 藤编、腾宣、腾药合称为"腾冲三宝"。

参观腾冲国殇墓园（2020年4月4日）

滇西碧血千秋洒，
河岳凛然剑影寒。
到此才知滇缅路，①
不觉泪满步蹒跚。

图10　腾冲国殇墓园（杨江波　2020年拍摄）

---

① 滇缅公路是指从中国云南到缅甸的公路，此公路是动用民工15万人于1938年开始修建的，是抗日战争期间中国与外部国际援助联系的唯一运输通道。

第六章　诗歌里的上河东民族志

腾冲叠水河瀑布（2020 年 4 月 4 日）

龙洞垂帘吐玉珠，
紫烟氤氲道家壶。
落潭散作小流去，
直入深山归太虚。

图 11　腾冲叠水河瀑布（杨江波　2020 年拍摄）

北海春意（2021年1月10日）

远目葱茏出乱云，
风吹荒草水波皴。
待飞小鸟梳蓝羽，
春意几分枝上寻。

图12 腾冲北海湿地公园（杨江波 2021年拍摄）

第六章 诗歌里的上河东民族志

山谷寻芳（2021年1月16日）

　　樱花谷里藏樱花，
　　玉女飞泉一线拉。
　　几欲寻芳山径尽，
　　半条古道送残霞。

图 13　腾冲樱花谷泉水（杨江波　2021 年拍摄）

访乡村傣族织锦①（2021年1月31日）

五色铺成七彩云，
朝霞彩练有缬纹。
经纬织就小康路，
春雨春风润寨村。

图14 腾冲帕连寨傣族传统织机（杨江波 2021年拍摄）

---

① 腾冲帕连寨被打造成一个艺术网红村，村中不仅有浓郁的傣族风情，还有一个乡村美术馆，为此我特意驱车前往考察。

观傣族竹编有感（2021年1月31日）

清润翠筠藏野水，
霜刀斫作易安词。①
慧心巧手生朴韵，
已把乡愁编进斯。

图15 腾冲帕连寨傣族竹编（杨江波 2021年拍摄）

---

① 李清照，宋代女词人，号易安居士。

二 上河东日常

上河东（2020年3月27日）

一横黛色尘忧忘，
灰瓦青砖点点红。
昨夜小楼冰月驻，
清风送客意明空。

图16　上河东村传统民居（杨江波　2020年拍摄）

第六章　诗歌里的上河东民族志

观界端千年古树有感（2020 年 7 月 7 日）

溜雨霜皮铁骨铮，
虚怀若谷无心翁。
偶然树下笛音绕，
疏影婆娑彩月风。

图 17　界端村最古老的榕树（杨江波　2020 年拍摄）

界端古树之二（2020 年 7 月 7 日）

骨筋盘绕金刚臂，
独木成林可待期。
咬定青山护胜泉，
此心万载岂能移。

图18　界端古井泉旁边的古榕树（杨江波　2020 年拍摄）

观两树连根有感（2020年7月8日）

夫妻琴瑟家风齐，
兄友弟恭父母怡。
两树连根舞绿影，
惊飞鸟雀坠新泥。

图 19　界端古井泉旁边的大榕树（杨江波　2020 年拍摄）

观界端村两树揽臂有感（2020年7月9日）

几抹青山一日斜，
紫薇雨后含娇发。
蓑翁路遇村南归，
笑语相邀村北家。

图20 界端村古树较多（杨江波 2020年拍摄）

第六章　诗歌里的上河东民族志

书院菊开①（2021 年 1 月 4 日）

落日篱边幽处吐，
西风雪盖蕊间寒。
滇南不似长江北，
送香暖风惹蝶翻。

图 21　种在云岫书院的菊花（杨江波　2021 年拍摄）

---

① 在乡间赶集买的两盆菊花放在书院里以增秋意，感受陶公篱边之乐。

石　斛①（2021年1月6日）

老根绿叶石中生，
顾盼神飞岁月增。
本是清缘孤月影，
红尘梦中暂相逢。

图 22　购于腾冲和顺古镇的石斛放在书院里
（杨江波　2021年拍摄）

---

①　此石斛盆景是我游览考察腾冲和顺古镇时所买，放在书院既可以助清幽，又可以增神气。

第六章　诗歌里的上河东民族志

村中晨曦（2021年1月7日）

鸡鸣桑树学童起，①
嬉闹引来曲项鹅。②
晨露无声枝上润，
闲云出岫醉几何？

图23　上河东吉阳村的晨曦（杨江波　2021年拍摄）

---

① 魏晋诗人陶渊明《归园田居·其一》中有句："狗吠深巷中，鸡鸣桑树颠。"
② 唐代诗人骆宾王《咏鹅》中有句："鹅鹅鹅，曲项向天歌。白毛浮绿水，红掌拨清波。"

· 181 ·

村中夜沉（2021年1月7日）

日间鞍马门前闹，
夜里暮云入树坡。
遥想繁星天外坠，
欲将灯火织陀罗。①

图 24　上河东村委会的夜晚（杨江波　2021 年拍摄）

---

①　佛教语。陀罗尼，秦言能持，或言能遮。能持者，集种种善法，能持令不散不失。（中略）能遮者，恶不善根心生，能遮令不生，若欲作恶罪，持令不作，是名陀罗尼。

第六章　诗歌里的上河东民族志

山麓夕照（2021 年 1 月 10 日）

　　幽音空谷滇南响，
　　如盖绿茵孔雀乡。
　　若把夕阳洒翠麓，
　　鸾皇展翅玉虬航。①

图 25　上河东村的绿色山谷（杨江波　2021 年拍摄）

---

①　先秦屈原《离骚》有句："鸾皇为余先戒兮，雷师告余以未具。"

节后归村（2021年3月7日）

　　春风浩荡骑尘扬，
　　几树羞颜叶后藏。
　　策马踟蹰归旧地，
　　滇南依旧照苍黄。

图26　云岫书院的牌匾（杨江波　2021年拍摄）

第七章　艺术乡建与乡村振兴

　　艺术乡建是乡村文化振兴中重要的工作形式之一，它通过挖掘本地传统文化留住乡愁，又结合外来文化激发地域活力，又融入现代科技和现代化理念使传统乡村变得生机勃勃，不但满足了人民群众日益增长的物质和文化需求，也与城市形成阴阳互动，在制衡中使社会发展达到良性互动。

　　张孝德教授的《不懂乡村就不懂中国》一文，文中通过访谈的形式讨论了现代西方文明物质主义和消费主义的弊端，认为中华民族如要实现伟大复兴就要尽快实现"生态文明"，而中国乡村恰好是民族文明之根，其精神契合着生态文明，可以医治工业文明的弊病。同时提出在管理上要实现新乡贤作为发展主体的"内求式创新"，充分发动乡村内在生命动力。

　　艺术乡建是用艺术的方式介入乡村建设，艺术家这一群体对于文化审美和时代前沿有着天然的优势，他们对于现代工业文明导致人心理上的虚无感有着强烈的反思意识，于是承载着几千年农耕文明的乡村引起了艺术家们的注意。90年代，北京宋庄成为了艺术家们的聚居地，艺术的介入也成功激活了一个名不经传的京郊农村，从此，宋庄成为了艺术家精神家园的栖息地。其实，乡村和艺术家是相互成就的，当下艺术乡建的模式愈发多元化，模式在实施上也无法照搬套用，乡建实践者要实地调研，要各专业学者的共同参与，也要充分尊重当地乡民的主体性。

　　现代乡村的发展就不能继续延续自给自足小农经济的模式，党的十九大报告里也明确讲到"要促进农村一、二、三产业融合发展，鼓励农民就业创业，多渠道的去增加收入。"在这种形势下，艺术乡建可以在乡村发展整体联动中发挥重要作用，它对于激活乡村活力，增强乡村魅力，发展乡村文旅，融合一、二、三产业的发展起着越来越重要的作用。

　　艺术乡建可以提升人居环境，打破落后地区固有的保守理念，从而改善乡村的精神风貌。乡村振兴不只是单方面的物质水平提升，乡村振兴五大目标是：产业振兴、人才振兴、文化振兴、生态振兴、组织振兴。这五个目标是互相联系的、不可分割的一个整体。

另外，艺术家也需要从乡村田野中寻找创作灵感，美丽自然的陶冶，民间艺术的启发，以旧房创意改造为载体的艺术突围，生活成本的低廉，异域文化的新奇等，这些都是吸引艺术家下乡的重要因素。也有越来越多的新型乡村产业在寻找与艺术家合作的机会，因为年轻而有文化的创业者们在寻找一种与传统不同，更有魅力的现代乡村发展模式。而且我发现，在乡村创业的新型农人往往具有一种情怀，他们与其说在创业，不如说是在寻找一种自我最佳生命存在的状态：他们发展有机农业，链接城市资源进行乡村文旅，或者挖掘当地文化资源进行乡建尝试，或者依据旧房状态进行现代化设计，寻找传统智慧和现代科技、当代生活需求相结合的审美点等。这其中甘苦自知，但已然成为这个时代一个重要的文化景观，国家的乡村振兴政策无疑又催生了这种文化热潮。

第一节　艺术乡建书院模式赋能乡村振兴

《传统文化视野下的人和自然》一文是北京大学楼宇烈先生有感于当下疫情而阐发，他认为人和自然的关系从来没有像今天这样紧张过，本来中国传统文化就是讲求天地人三者关系的，中国传统社会是以农耕方式为主的，"和"是我们文化精神的核心，创造了辉煌的农业文明。我们今天通过学习西方工业文明在物质方面得到了极大的丰富，但自然灾害出现的频率多了起来。文中还提到了我们对于马克思主义的误解，马克思研究的自然其实并不存在于人类之外，人类的根本任务并不是"征服和改造自然"，现代人也认识到"可持续发展"的重要性，生态平衡建立在生态伦理的基础上，虽然科学技术的发展带给了我们生活的便利，但同时也产生了诸多弊端，看来"欲而不知足"才是当下问题的核心，尊重自然也就意味着不要过度地向自然索取，人类要过一种"中道"的生活。

从这个意义上讲，乡村振兴在当下颇有"后工业"的味道，由乡村振兴的契机来重新实现人与自然的和谐关系。乡村振兴不仅仅是物质方面的改善，中国艺术人类学学会会长方李莉认为乡村建设仅靠经济还是还不够，也是文化建设和心灵建设。①《落实乡村振兴政策，至2022年投入七万亿》这篇文章是中央农村工作领导小组办公室副主任韩俊接受记者访谈的一些内容，他在谈到如何更好地推动农村社会全面进步时强调了文化建设的重要性。书院教育在我国文化史上曾起过重要的作用，这种模式在当代被激活，也说明了优秀传统文化传承在当下的重要性。

一　书院模式为当下中国乡村振兴赋能情况

据不完全统计，中国目前兴起各式书院约两万座。首先就要梳理一下目前乡村书院的赋能情况，它们组建形式多样，大约分为几类：

（一）农家书屋助推乡村文明新时尚

野人谷镇手机上有数字书屋，将农家书屋划分为文明实践区、线下阅读区、线上阅读区，并依托新时代文明实践站建设，实行"农家书屋+助推文明新时尚"，举办知识讲座、培训等。白银市共建成717余处"农家书屋"，并定期更新图书，在书屋中设立了红色书架。在洛宁县，农家书屋多达百座。书屋还开展了朗诵比赛、读书分享、文艺表演等活动。

（二）新乡贤回乡创办书院

崇州"新乡贤"回乡创办书院助力乡村振兴，"习风堂书院"具有学习、展览、研究等文化功能，将红色文化与乡村建设融为一体，群众筹资七万余元，还创办《乡村建设》杂志，实行免费赠阅。还筹备成立"崇州市乡贤文化促进会"，筹备"关爱贫困学生基金"等慈善项目，发扬乡贤在乡建中的重要作用。还有从个人生活经历出发，返乡回馈乡亲创办书院的案例。如巴南丰盛镇桥上村的村民莫英茂，他本着解放村民思想的意愿把自家房子改建成"涌泉书院"，收藏书籍近2万册，并注册网店，帮助村民售卖当地农产品。贵州省社会科学院法律研究所副研究员文新宇利用自家老房子改造成立了苗学书院。这是一个公益项目，书院联合了贵州省社会科学院贵阳学院凯里学院等高校和一些学术机构能建立了一种合作的关系为乡村振兴服务，并注册成立了乡村旅游专业合作社，采用公司加合作社加农户的模式来运作经营。

---

① 2019年10月16日上午，由深圳华侨城集团有限公司与中国艺术人类学学会联合主办的《中国艺术乡村建设展》开幕。

这是在新时代的背景之下对新事物的一个探索。他开办了苗族的非遗传习馆、苗族艺术馆，还有建立了写生基地，也举办苗族题材的美术创作笔会，苗族文化保护传承发展研讨会，还对村民进行了苗歌刺绣等传统技艺培训。

（三）以艺术赋能乡村为主要内容的书院

温州楠溪书院集美术馆、博物馆、艺术家工作室、艺术家写生基地为一体，用艺术形式振兴乡村，创办民俗，举办了画展，通过将艺术植入乡村的形式来提升村民的经济收入，改善村风。北京怀柔也成立了红螺书院，书院承办写生、研究和艺术衍生品的开发。以盈利来养美术馆公益，达到持续发展的目的。四川青城山镇的青峰书院由著名作家自筹资金历时8年建成，占地10余亩，设施完善，甚至设有电教室，收藏图书45000余册，组建"青峰学士林"，另外经过多方筹资，书院举行植树活动，疏导沟渠，倡导环保理念，还关注家风家教和幼儿教师培训，目前书院已成为都江堰市的一张文化名片。在乡村美学课上，成立"乡村美学讲堂"重点培育基层干部，将美学讲堂内容汇编为书籍，达到文化传播的目的。石节子美术馆馆长靳勒用了12年的时间。甘肃一个边远的小山村转化成了美术馆。这是艺术改变村民物质。生活和精神面貌的实践探索。

（四）文化机构探索"阅读+"为乡村服务的模式

云南出版集团为了推广全民阅读理念，在全省成立了近200家乡愁书院，书院陈列老物件，保护民族文化和非物质文化遗产，送书到村，举办文化活动，探索"阅读+"的模式，这是传承乡村耕读文化的一种努力。

（五）高校学者的文化乡建

2016年景德镇首届中国美丽乡村发展论坛暨""北欧遇见北宋"进坑乡村文化艺术节在进坑村举办。进坑村设有东郊学堂，学者黄薇夫妇带领村民以古瓷遗址为基础建立了村农业合作社和进行乡村旅游业开发。在论坛现场。有机农业、观光农业和乡村建筑设计等专家都分享了自己的乡建经验。广东工业大学城乡艺术建设研究所的所长渠岩教授从2007年开始投入到乡村建设的实践，他看到由于现代化所带来的乡村同质化的问题，认为现在感受到的都是西方文化的环境，是过度现代化所带来问题，无法感受到我们中国传统的文脉。为此，他努力修复传统民居和建筑恢复乡村传统礼俗，帮助农民找回自己的尊严。在乡村当中去寻找中国主体性的文明价值是什么？构建尊重中国传统文脉,让精神返乡。其实乡村是最有文化的,送文化下乡是悖论。最重要的是让传统文化在当下得到现代化的转化。为此,他主持打造了许村计划,青田计划,姬家峪理想。被称为中国新时期艺术乡建新浪潮的代表人物之一。

(六)依托历史文脉、活化历史的新书院

唐代到清代,福建创建的书院数量很多,域内的松洲书院被称为中国历史上最早的书院,据统计现存有50余处书院遗址。潮格村有千年历史文脉,出过进士和举人近三十名,因此,活化历史为当下服务成为创建书院最大的意义,书院结合了传统文化学习和科普活动。

在乡村振兴过程中,书院作为传播文化的载体,也应该被赋予时代发展的使命。2021年2月中央一号文件《中共中央国务院关于全面推进乡村振兴加快农业农村现代化的意见》发布,参加2021年全国两会的代表委员就乡村文化振兴问题也带来了诸多意见。其中全国政协委员,中国新闻出版研究院院长魏玉山认为:当前农家书屋的定位要发生变化,功能要进一步丰富,书屋不仅是书屋,还是一个文化中心,阅读交流中心,要将农村村史馆、博物馆与农家书屋的功能整合起来,变成以阅读为主体功能的综合文化设施。中国美术馆馆长吴为山在《关于加强新时代美育体系建设,筑牢中小学文化自信根基提案》提出建议:有条件的中小学应该设立校园美育馆,这样可以以此为平台,将艺术的种子播撒进校园,可以启迪孩子的艺术智慧,点燃孩子的艺术梦想,具有深远的意义。民进中央在提案中强调要对每个重点村落的老人开展口述史调查,重绘传统生产生活方式形成村落文化基础数据库。中国美术家协会主席范丁范迪安认为,优秀的文艺作品具有培根铸魂、凝聚精神力量的重要作用,在脱贫攻坚乡村振兴中,还有很多感人事迹,值得有文艺作品来表现。

因此,书院模式赋能乡村振兴,其功能要进一步丰富,也要根据现代乡村的特点整合相关资源,也可以担负着保存耕读文化基因库的使命,这种因地制宜以当地乡民为主体,施行合适的书院模式才能取得长久的生命力。

二 云岫书院赋能特色

(一)成立乡村美育馆

虽然吴为山先生提出了设立"美育馆"的乡村美育思路,但目前还没有具体落地案例。乡村美术馆案例较多，但美术毕竟不完全等同于美育。只是展示作品和组织艺术创作就会使美育流于简单化。上河东云岫书院模式倡导"大美育"功能，"大美育"是时代赋予书院模式的新功能，"大美育"概念最早由教育理论家滕纯提出，强调了社会美育的重要性，美育的对象不仅是在校学生，也是提升全民素质的重要手段。美育的生活化、平常化使得其载体更加多元，如艺科融合。

上河东美育馆的美育内容有：以文化名家、优秀共产党员、教育家等描绘对象的水墨画作；以文化大家叶嘉莹先生推荐的诗词作品为指归的"诗教"活动，指导学生为经典诗词谱曲传唱，也研究用当地民歌的调子创作诗词吟唱，诗词谱曲达到一定的数量和质量后可以在高校校内进行以美育为主题的诗词音乐会，进而获得公益资金；有以网络书法教育为载体的课程，有以教授葫芦丝为特色的音乐课程。梁河县被称为葫芦丝之乡，但经济还较为落后，于是我有个大胆的设想，县文化局可以组织力量下乡进行培训，也每年组织葫芦丝演奏比赛，使得葫芦丝文化真正深入民间，形成特色，进而文化搭台，经济唱戏，为县域经济发展发挥重要作用。上河东村作为实验村可以率先举办葫芦丝培训班，此举不但可以丰富乡村文化内容，也可以改善乡风。"美育馆"可以采取线上和线下两种方式来教授村民，经过持续努力应该可以达到相应的效果。

（二）扶贫资源转化为教育资源

习近平主席在2018年全国教育大会发表重要讲话时对广大教师提出了殷切的期望："三寸粉笔，三尺讲台系国运；一颗丹心，一生秉烛铸民魂。"教师不但是一种职业而且应将之提升为毕生所追求的事业。我最崇拜的教授是南开大学叶嘉莹先生，她很好地将学问和人生融合在一起，在传授学问的同时也提升了学生的价值观和人生境界，自己也在人生磨砺中用传统文化美育智慧将"小我"升华到了"大我"，在教学奉献中呈现出自我的人生价值。教师应把教学、科研和育人三者融合起来，将自己的教育事业和国家民族的未来紧紧联系起来。

我驻村扶贫结束后，也在想如何在教学中沁入扶贫精神，培养学生的家国情怀和公益精神。因此，发动亲朋又捐赠给村小学200多本书籍，后来有学生组建项目团队请我做指导教师，趁此机会，我又开始筹备"艺术乡建"

公益项目的相关工作，参加竞赛并获得一些奖项。在此过程中，也开始接触到民间一些公益团队，听大家分享公益经验收获很大，也促使我对立德树人的教育要求有了进一步的理解和提升。

目前书院工作已产生一定的社会影响，在乡村文化建设上有了一定辐射力。如相关媒体的报道，乡政府和一些村委会邀请我做乡村文化方面的报告，被楚雄高等医专聘为客座教，甚至也有跨省的联合，如在山东省聊城市茌平县洪官屯镇卫生院进行艺术介入医疗的尝试，目前已设计完成具有中医药文化内涵的铜葫芦雕塑，也给横梁子村的古树茶饼做了包装设计，给罗新寨和清水塘村写了文化改造建议。

第二节 从艺术乡建看乡村振兴的文化力量

精准扶贫和乡村振兴的着力点都是乡村，这虽然是国策也是历史的选择，当工业文明发展到现在，在物质文明极大丰富的今天，"环保""个性""一体""链接""智能"等关键词凸显出时代之音。乡村已然担负着社会生态化发展和优秀民族文化复兴的双重责任，习主席今年在浙江安吉县余村视察时强调了"绿水青山就是金山银山"的理念，这是倡导绿色可持续发展。

**图 1　考察昆明市晋宁区福安村李小云教授创办的乡村学舍
（杨江波 2020 年拍摄）**

乡村中的老房子、古井承载着乡愁，绿色的田野寓意着希望，鸡鸣桑树颠，呼叫的是东方既白，邻里把酒话桑麻展现的是浓浓的乡情，阡陌交通、光纤电缆、智能链接体现的是科技文明的便捷，手工艺的复兴加强了乡村的魅力与温情，"20多年扶贫的最大收获之一，是人们不再把贫困农户的致贫原因，归结为穷人懒惰、愚昧、落后。"①

未来的乡村在尊严上是和都市平等的，在收入上也会缩短距离，甚至在幸福感上也许会超过都市。但目前乡村发展面临的最大的问题是教育和医疗，这在很大程度上影响了人才向乡村的流动，而人才恰恰是乡村振兴的重要因素。国家需要出台相关政策来吸引各类人才来农村创业，像有机农业、乡村文旅、乡镇企业管理等专业人才是目前亟需的。不但外地青年人才，本地有资金有技术的返乡民工和退休公职人员都是新乡贤，都可以发挥出积极的作用。在乡村治理上，要把政府法制管理与民间自治充分结合，把乡村优秀传统乡土文明与现代科技文明相融合。"穷人对新技术的谨慎态度，是他们在自己家庭与外部环境现有状况下做出的理性选择，是不应该非议的。社会和扶贫者所要做的，不应该是口头上的说教和现行的非穷人示范……完全把扶贫当成是对穷人的恩赐，这并没有抓住造成贫困的体制与机制方面的原因。20多年来的扶贫事实证明，贫困的主要原因是社会没有把发展机会给予穷人，因此扶贫不是对穷人的恩赐，而是把贫困者应有的发展权利，真正地"还给"穷人，这应当成为全社会的责任。"②

在乡村振兴初期阶段，模式大多具有探索性，但可以肯定的是：从梁漱溟、晏阳初、陶行知到今天的艺术介入乡村，乡建已积累了相当的经验，尤其艺术乡建在其中起到了独特而重要的作用。这种形式往往尊重传统文化同时又有现代创新精神，将扶贫与扶智相结合，提升人居环境，发展文化产业，以创意来推动农产品的销售，以美育来抚慰乡村留守儿童的心灵，使之健康成长。

梁河县的文化个性是什么呢？梁河县属于德宏州，德宏州的个性在于多彩的民族文化，德宏州非物质文化遗产名录有：傣族泼水节、景颇目瑙纵歌、德昂族浇花节、遮帕麻和遮咪麻、达古达楞格莱标、目瑙斋瓦、傣族孔雀舞、傣族象脚鼓舞、水鼓舞、傣剧、傣族剪纸、阿昌族户撒刀锻制技艺、傣医药。但上河东村村民主要是汉族，也有少数的佤族等其他民族，各民族长期互相影响，重视读书受教育的传统还依然浓厚。另外，也要看到边境的特殊地理

---

① 纳麒主编：《云南改革开放30年》，云南人民出版社2009年2月第1版，第405页。
② 纳麒主编：《云南改革开放30年》，云南人民出版社2009年2月第1版，第406页。

位置所带来的影响，如有一些有过吸毒史的人员，书院的书香可以在一定程度上树立良好的村风和家风。"扶贫工作离不开扶贫人才的智力支持和带动作用，扶贫人才是贫困地区重要的人力资本。扶贫人才是贫困地区重要的人力资本。扶贫人才的数量、组织的方式、工作的效力对促进贫困地区发展起着关键的作用。"①

总之，乡村的振兴是目前我们政府面对的重要课题，也引发了专家学者的诸多研讨，乡村的振兴可以有效缓解工业社会发展的一个瓶颈，也将在一体化的思维中实现城乡两者的和谐与发展。

第三节 从乡村振兴看艺术乡建的话语构建

习近平总书记在江苏省徐州市马庄村视察时强调指出："实施乡村振兴战略不能光看农民口袋里票子有多少，更要看农民精神风貌怎么样。"最近，中共中央办公厅 国务院办公厅出台了《关于推进以县城为重要载体的城镇化建设的意见》。第十三届全国人大常委会委员，农业与农村委员会主任委员陈锡文在解读乡村振兴政策时指出："乡村应该承担的第3个重要的功能就是传承一个国家，一个民族，一个地域的优秀的传统文化。"其他学术团体也很关注乡村建设，2019年10月16日上午，由深圳华侨城集团有限公司与中国艺术人类学学会联合主办的《中国艺术乡村建设展》开幕。本次展览图文并茂，结合多媒体的方式，呈现了7个乡村的乡建经验。国务院参事室副主任王卫民在致辞时强调艺术进村和项目进村都要以尊重村民的主体地位。

乡村欲振兴，如何把握好国家乡村振兴政策是重要的，手工业是乡村文化的重要资源，工业科技愈发展，手工的价值就会愈加凸显，如何把传统手工进行现代价值转化也是需要重点考虑的。另外，手工作为一种艺术品，在日常生活中对村民也会起到美育的作用，这对于移风易俗，提升劳动力素质会有一定作用。关键是通过手工的复兴来增强乡村的魅力，逐渐恢复乡村作为生存个体的自我尊严。

在传统的乡村里，村民利用农暇，就地取材，一件件想象力丰富、精美

---

① 徐勇主编，邓大才等著：《反贫困在行动：中国农村扶贫调查与实践》，中国社会科学出版社2015年6月第1版，第413页。

耐用的手工艺品纷纷出炉。这些手工艺品散发着泥土的芬芳，也浸润着劳动人民朴素的情感，反映了直接而热烈的审美情趣。它们一边提升了乡民的收入，一边又增加了乡村的生活情趣，甚至承担了教化的功能。与宫廷烦琐矫饰的审美不同，民间的审美显得自然而充满野趣，它的灵魂在于粗朴性。所谓粗朴近于道，于是在艺术史上，第一流的画家大多来自于民间，他们傲啸江湖，浪迹山野，在心灵的无牵绊中来达到艺术创作上的自由境界。

图 2　梁河县囊宋乡关璋村博物馆所藏民俗器具（杨江波 2020 年拍摄）

我喜爱民间艺术亦是如此，虽然专业是创作文人画，但通过拜访民间艺人，收藏民间工艺品可以达到"养气"的功效。驻村以来，我考察和收藏了大量的民间工艺品，在山东聊城工作时，收藏了七十余种东昌府老版木版年画，还有许多刻葫芦、郎庄面塑、蒋官屯泥塑等，在德宏州梁河县驻村时，收藏有傣族织锦、竹编、德昂族土布、缅甸漆器、腾冲藤编、皮影、陶器等。也特意观察所驻村上河东的手工发展状况，其凋敝的状况令人感到遗憾。妇女们依然喜欢绣花，但绣的是呆板无感情的十字绣；老人们也会继续编竹筐在集市上卖，但青壮年村民大多退出了这个行业而外出打工。

日本在艺术乡建方面探索较早，也取得了丰富的经验。如"越后妻有大地艺术祭"和"濑户内海大地艺术祭"成功激活了乡村的活力，四川美术学院中国艺术遗产研究中心主任张颖副研究员认为：日本乡村在面临人口和土地空洞化的危机时，注重解放传统"农"的观念，把它转化成了"整体化的生命产业"新型农业，于是实现了乡土文化资源的创造性再生产，进而反哺农业，巩固本地农业基盘，提升乡村附加值。如越后妻有艺术乡建项目拉动县域经济成绩显著，50 天的艺术节活动便增加了 56 亿日元的经济效益。

第七章　艺术乡建与乡村振兴

　　日本东京学艺大学学生和印度一些艺术家为印度偏远村落尼南贾纳学校进行艺术教育援助。艺术家们利用立地可取的材料在教室里绘制壁画，这是一种环保的方式，也是一种廉价有效的方式。在创作的过程中，艺术家和学生交流，学生也可以参与到创作当中来。活动结束后，艺术家和学生们又会把墙壁恢复原样，但是这个共同创作的过程便成了永恒的美感记忆。他们建立了慈善网站来吸收教育善款进行持续帮扶，也努力将这种工艺的艺术教育辅助活动推广到全球。

　　值得注意的是：这些项目并不是外来文化的强势介入，而是在深入调研的基础上"互融共生"，"异质"和"共生"是其艺术乡建成功的关键词。

　　当然，中国乡村有着自己的情况，并不能全盘借鉴外国的乡村经验。尤其"长期处于物质匮乏的人们形成了独特的心理结构与行为模式，谓之'贫困文化'，具有'闭塞的文化生活'，'保守的生产理念'，'懒惰的人生态度'，'早婚早育、多子多福、重男轻女的婚育观'，'安土重迁与消极等待的心态'等小农文化特征。"[①] 中国的乡村教育也存在一些问题，如功利性教育体制的影响、高水平师资的缺乏，以及家长不能很好的配合学校教育等。"只重视专业知识的教育和训练，而不注重文化视野和概念的给与会使教师变成具有高度'工具理性导向'思维心灵的个体。"[②] 工具理性意味着"集中考虑'如何做好它'的问题，而不是'为什么要做'的问题，或是'我们要走向哪里'的问题。因而它更倾向于考虑途径而不是终点，考虑效率而不是目的。它在学校中的表现之一是强调管理和组织，而不考虑'教育为了什么'"。[③]

　　面对这种情况，这就需要艺术参与社会改造时需要创造性思维，需要考虑地域文化的个性，考虑农民的主体地位，这种复杂性决定了中国艺术乡建要探索一条合适的路径，最终目的是激发出乡村文化自信自觉，从而和城市文化融为良性互动的生命共同体，用文化来带动产业的发展，用中国经验在世界舞台上讲好中国故事。

[①] 秦玉友：《贫困文化改造取向中的基础教育改革研究与反思》，《教育理论与实践》2005年第9期。

[②] 高丙中、于惠芳主编：《国家在场的社会事业》，北京大学出版社2011年1月第1版，第130页。

[③] 吉布森：《结构主义与教育》，石伟平等译，五南图书出版有限公司1995年版，第125页。

第四节　从艺术乡建和乡村振兴的互动来看乡村

乡村和农村的概念较为接近，但区别也是有的，农村强调的是以农业生产为经济生活方式的聚居地，而乡村这个概念更具有文化审美的含义，在功能上也更具有产业延伸的内容。

乡村的发展也有几个阶段，目前正处于向现代乡村过渡的阶段。乡村在中国社会的重要性不言而喻，梁漱溟先生说："原来中国社会是以乡村为基础，并以乡村为主体的；所有文化，多半是从乡村而来，又为乡村而设——法制、礼俗、工商业等莫不如是。"[①] 他同时怀着沉痛的心情说："中国原来是一大乡村社会。中西相遇，引发中国社会的变化，此变化的结果就是乡村破坏。所以我们常说一部中国近百年史，从头至尾就是一部乡村破坏史。"[②] 乡村在传统社会有过高度的发展，但盛极而衰，它的凋敝也可以说是其进程中的历史现象。20世纪初以来，西方工业社会文明对于传统中国的冲击可谓强烈，改革开放以后的民工进城潮又使得乡村进一步凋敝和空心化，留守儿童、空巢老人这些问题也随之浮现出来。

图 3　腾冲刘永周皮影馆（杨江波 2020 年拍摄）

中国的强国之路可以分为两个阶段，在第一阶段中我们党引入了西方马克思主义作为思想指导，这是借助一种全新思想来重新审视和发展自己的文化，在"破"与"立"的关系中来寻找有中国特色的发展之路，这条路即是

[①] 梁漱溟：《乡村建设理论》，上海人民出版社2011年版，第11页。
[②] 梁漱溟：《乡村建设理论》，上海人民出版社2011年版，第317页。

具有中国特色的马克思主义道路；今天的中国宛如睡狮渐醒，我们又进入了第二阶段，那就是文化自信自觉阶段。此时，我们认识到真正的大国是"继往开来"的，是"包前孕后"的，传统文化的精华作为民族基因永远渗透在血液里。我们的民族在"回头看"和"往前看"，这种瞻前顾后使得我们确立了自己发展的历史坐标经纬，重新恢复了大国的风度。

现在，大量的人才聚居在城市，城市得到了空前繁荣，人们享受着工业化带来的生活便利。大力发展科技的结果，是由农业大国逐渐转变为了工业大国，"中国制造"也给国家赚了很多外汇。但同时城乡的差距也在拉大，于是到了这一时期，如何用城市来拉动乡村的经济发展来达到社会发展的均衡成为一个重要的话题。

乡村振兴也离不开乡民的主体自觉，中国农业大学李小云教授和艺术家程美信在改建乡村的过程中都尽量利用本地工匠和技艺，对他们来说，"唤醒"乡村很重要，而非强势介入。云南邹长斌用创办"社会企业"的形式改造乡村以此倡导美育，也是尽量吸引当地村民参与进来，从而在最大程度上激活乡村的内在活力。

传统乡村的美在于其个性的强烈，农业时代的工匠们就地取材并结合地方审美文化传承来构造居住环境，如江南民居凡宅必有院，藏地则用毛石垒砌碉房，梁河民居多为两层，客厅为半开放式，这其实是根据气候地理因地制宜，体现了"天人合一"式的生存智慧。著名学者冯骥才先生的呼吁"别再祸害农村"，他提到在我们国家的"新农村建设"过程中要注意保护文化遗产的问题，要注意各地风貌的"个性"。他举例讲到我们云南的大理和丽江两座著名的旅游古城，认为"这两座城市的历史传统没有了，灵魂没有了，只剩下一个驱壳"，也就是说"城市记忆没有了"。与此相反的一个例子是浙江的西塘古镇，西塘在发展商业的时候尽量保留了原有的生活形态。

我曾经在北京密云县北庄镇朱家湾下场峪生活了两年，在这里我改造了一座建于60年代的老屋，学会了种菜、烧炕、做酸菜等农活，也实地感受到了古时民众的生存智慧，那是一个顺其自然的生态状态。干柴用来烧火做饭，炭灰撒在院子地里就是钾肥，秋天的落叶衰草除掉后埋在院子的核桃树底下就是很好的有机肥，因为冬天的地气是暖的，所以吃不了的白菜，好的可储藏在地窖，不好的可以腌作酸菜。室内地面铺透气的青砖，夏天凉气可以透上来降温，厚厚的土坯墙可以保温，能较好的保持房间昼夜温度的平衡。屋后往往栽一棵大树,大树根系发达,可以保持湿度,以维持凉气的发生。因此,乡村其实有一套生态合理循环的经验。但由于城乡一体化的影响,目前这种乡村个性正在消逝,榫卯结构的土坯旧房被大量拆掉,贴瓷砖的水泥楼房也纷纷兴起,乡村审美价值也随之减弱。我在北京驻村两年,就眼看着周边两家旧房被拆掉了,作为农民喜欢住宽敞明亮的水泥房可以理解,但在这个过程中需要政府的引导,需要艺术乡建的专家和建房主人协商来进行重新设计,这样可以有效避免农民自身的盲目性,也可以在与城市建设风格的相异中彰显乡村的尊严,从而达到平等的对话。

另外,乡村本是一个综合性的田园共同体,因此,艺术乡建介入乡村要充分考虑"跨界交流",比如要关注乡村礼俗,梁漱溟认为"说以理性替代武力,其实就是以教育(或教化)替代武力。这种教育怕以中国古代的礼乐为最好;在将来文化中就是要复兴礼乐教化,一定而不易。"① 从中西比较而言,梁漱溟认为:"西洋是重在法律武力,中国重在教化礼俗。"② 礼乐教化的根基在乡村,但把这种传统文化进行现代化的转化是很重要的,可以结合国家倡导美育的大背景进行美育赋能。

由于国家"乡村振兴"政策的实行,社会资本和人才正在向乡村倾斜,"诗意田园"和"乡情"正在成为城市人新的消费趋势。中国传统文化的根脉在乡村,中国要恢复文化自信,乡村的振兴势在必行,村庄的手工艺、民俗文化等原生态应结合新的时代形式重新生发出茁壮的生命力。

文旅的发展确实会增加乡村就业岗位,多渠道增加农民收入,也会满足其日益增长的精神需求。"非农就业在一定程度上提高了农民进行文教投入的积极性,农民对教育、文化等精神需求越发重视。在农民从事非农职业活动的过程中,受其自身的工作性质、个人思想行为转变等因素的影响,其更愿意加大文教投入,特别是在学识教育与后代教育培养方面,重视度大大提高。"③

目前已进入了乡村振兴的新阶段,在这个阶段中乡村文化教育的振兴尤其凸显了它的重要性。云师大驻村扶贫队利用自身文化教育资源深厚的优势,

---

① 梁漱溟:《乡村建设理论》,上海人民出版社 2011 年 6 版,第 397 页。
② 梁漱溟:《乡村建设理论》,上海人民出版社 2011 年 6 版,第 77 页。
③ 徐勇主编,邓大才等著:《反贫困在行动:中国农村扶贫调查与实践》,中国社会科学出版社 2015 年版,第 549 页。

贯彻"扶贫先扶智"的国家扶贫理念，大力打造文化扶贫阵地，挖掘内生动力，培植本土人才，这些工作目前已取得了良好的效果。

总之，乡村良好的生态环境是社会持续发展的保障，还有保护耕地所带来的粮食安全，以及城乡二元一体的良好互动，现代智能化科技的融入，本土职业技术人才的优质培养，县域经济的发展，这些都是重要的，也是国家目前正在推进的。乡村已成为各行业跃跃欲试的发展舞台，乡村振兴也已然成了中华民族复兴的重要内容。

结　语

桥的那头站着你
我在这头回首
四目相望
天上一轮明月
澄澈
温暖
故事如河流般
缓缓向东流
天边号角突然吹响
征旗猎猎
万头攒动
溪流渐变成奔流的江河
咆哮啊咆哮
朝阳把河水尽染
劲风把海水吹皱
海鸥拍打着翅膀
掀起滔天巨浪
自此
东方雄师已然觉醒
它的眼神
温而厉
青春的风华随风而动
时代的使命热血挥洒

结　语

啊
看那天空已无一丝尘埃
湛蓝、透明
雨后的芭蕉
庄严伫立
深深吸一口气
缓缓吐出
吐出
……

中国是一个具有十几亿人的人口大国，民族众多，地域环境复杂，而且近百年来的中国历史是一部民族抗争史和复兴史。西方列强的无端欺辱让东方睡狮苏醒了，如今的中国在文化上趋向自信自觉，在科技上日新月异，五十六个民族像石榴籽一样团结在一起共赴小康。精准扶贫工作期间，乡村贫困户致贫的原因很多：他们有的因病致贫，有的因学致贫，还有的因为缺资金、缺技术，当然还有少数人因有懒惰的心理而致贫的。国家根据实际情况，集合优势资源来派驻工作队，大力实行脱贫攻坚。"脱贫"路上离不开"攻坚"，可以说"攻坚"是脱贫工作的高潮阶段，需要"更大的决心、更明确的思路、更精准的举措"，要达到"不落下一个贫困地区、一个贫困群众"的工作效果。精准脱贫工作实行"一户一策"，如今脱贫攻坚战已结束，我们国家创造了世界减贫史上的奇迹。

共产党的领导是我们社会主义制度最大的优势，可以说，党的意志和人民群众的意志是一致的。精准扶贫政策就是充分考虑到人民群众的切身利益，这是达到共同富裕的必要手段。上河东艺术乡建是中国诸多乡村振兴实践案例之一，它既有共性，也有自己的个性。以田野民族志的书写方式分享给大家，也是希望能奉献"上河东经验"给学界作参考。

一　上河东村艺术乡建民族志个案分析

上河东村艺术乡建的探索实践是我的田野经历，它的特殊性在于我是以高校驻村扶贫队员的身份切入进去的，我身兼扶贫队员、文化学者以及画家三种身份，这种复合型的身份让我具备了人类学田野的条件。我刚开始并没有清晰的人类学视角,但通过撰写了一整年的工作日记,以及写生了大量作品之后,我开始思考如何把这些材料转化成学术著作的问题,民族志的形式给了我很大启发。

上河东村具有很多典型性:

(一) 多个村组结合而成的行政村

因为地处山区,村庄分布较为分散,上河东村方圆二十余公里,其中因为扶贫政策,从山顶搬迁下来的农户又组成了吉阳、集益等新村,住在新村方便了农户劳作和经商,但也会背负一定的债务,因此外出打工者较多。

(二) 打工人数众多,村中留守老人和儿童较多

作为人多地少的村庄,外出打工是提高经济收入的重要方式,同时又会学习技术,改变观念,积累创业资金。但也会带来离婚率偏高,留守儿童多等社会问题。

(三) 毗邻边境,跨境婚姻较为普遍

缅甸人可以在德宏州打工和暂住,因此,上河东村有大约50位缅籍妇女,和中国人通婚后所生孩子可以入籍中国,这些妇女大多通晓汉语,有些家庭属于建档立卡户,因为扶贫政策的照顾,也可以担任村中保洁等公益性岗位获得收入。

(四) 思想观念保守,劳动力文化程度偏低

当地年轻人重视读书上大学,但择业普遍会选择事业单位和公务员岗位,对于创业缺乏热情,喜欢收入稳定的职业。村中劳动力文化程度偏低,有女孩不到法定年龄先结婚生子再领结婚证的现象。

(五) 地缘资源丰富,但缺少主体文化自信

梁河县气候宜人,民族文化丰富,有发展高原经济和文旅的优势条件,但缺少文化深入打造,尤其乡村文化的自信与自觉。

在这一部分,对上河东村情、艺术乡建工作的主要内容、未来展望及影响等几个方面的内容进行论述,其间还结合绘画民族志和诗歌民族志内容,用艺术作品进行和展现田野调查。因为时间和经验的问题,驻村扶贫有收获,也会留有遗憾。结束后回校工作,本来觉得乡村的事可以放下了,但乡村的情节却愈演愈烈,指导大学生创新创业大赛的公益项目让我又重新回到了乡

村主题上，只不过是由直接变成了间接，由身在其中变成了旁观者，这种身份的转换其实可以让我更能看清乡村，也让我认识到只有持续不断地研究乡村才能真正了解中国，了解中国传统文化。

二 乡村振兴与艺术乡建

艺术乡建的重要性在于融入乡村振兴的国家主题之中来进行相关模式的探索，于是，艺术在当下承载了一个复杂的学术命题，这个艺术乡建要融入人类学、社会学、历史学、美学、经济学等多学科交叉的思维，乡村的复兴需要艺术家的介入，但又不是以艺术家艺术创作个体为主体的，而是对于艺术家提出了更高的要求，或者在新文科的基础上引导艺术家来进行相关的参与。只有这样乡村才不会被"打造"，而是"激活"，"打造"意味着外来文化的强势介入，"激活"则是尊重村民的主体性以及乡村自身的文化自觉。

费孝通先生在"论文化自觉"时讲道："以力服人为之霸，以理服人为之王。霸道统一了天下，也不能持久，王道才能使天下归心，进入大同。"某些西方国家一贯以武力服人可谓霸道，中国的王道文化则注重"德政"，注重"互相尊重，和而不同"，强调"命运共同体"思维，这获得世界上愈来愈多国家的认同。中国乡村振兴亦会激发传统"德性"的文化理念，"德性"文化贯穿中国历史几千年，即使在深受西方工业文明影响的今天，也依然潜存于中国人社会生活之中，其优秀基因若被现代成功转化即可造福当下。

艺术乡建在介入乡村振兴时，要充分考虑挖掘乡村传统礼俗文化，用艺术的方式激活乡村传承，用艺术的方式在保持乡村乡土特征时把传统乡村引入现代文明，使之蓬勃发展。可以说，乡村振兴承载着中国文化自信和自觉，承载着中华民族伟大复兴的时代使命。但如何借古开今，如何创造性发展，艺术乡建如何合适的介入，这些问题都会引发学界的热烈讨论，但乡村全面振兴的趋势必不可当。

如今，精准扶贫工作已结束，乡村振兴工作正在进行。乡村和城市是中国社会发展的两翼，从哲学上来讲，是阴阳互动，是对立统一。因此，协调好两者的关系是至关重要的，也是符合当前"生态发展"的世界趋势，中国应在此提供"中国经验"。

附　录

附录一　云师大云岫书院工作报告

云师大扶贫队在上河东驻村以来，除了与当地政府合力完成繁重的扶贫日常工作任务之外，还通过调研村情民情发现当地的文化环境亟需加强。为了使精准扶贫工作顺利推进，为了实现乡村全面振兴，云南师范大学驻村扶贫队根据自身文化教育优势牵头筹建，在德宏州县总工会、平山乡政府的支持下，同时结合诸多社会爱心力量，2019年7月云师大云岫书院成立。书院成立后针对所驻村实际情况还开展了相关帮扶活动：

一　书院建设

经过积极沟通，云师大积极协调文化建设专项资金10多万元。另外，除了发动本单位的支持之外，大力发动社会各界的扶贫热情也是很重要的事，于是通过发动社会捐助的形式，募集到书院初期建设发展资金10000余元、图书1000余册、若干美术用品，以及茶道教学用具，以此基础创建了云师大云岫书院。书院收藏展示了当地的诸多民族手工艺品，也规划了以书院为中心，以中草药陈列馆、乡村美育馆、村史乡贤馆和界端古井泉文化景观为四翼的文化打造思路。展示中草药文化是发掘和保护优势的地方文化资源，重修古井泉是为了保护乡村人文历史，塑造"乡愁"，并为衔接乡村振兴工作做好铺垫。

为了广泛发动本村中的文化智力扶贫力量，提升内生动力，并为乡村振兴培养后备本土人才，又创设两个协会：上河东大学生志愿者协会和读书协会。目前已发动本村大学生志愿者50多名，志愿者们也协助扶贫队做了诸多

图 1　云南师范大学蒋永文校长在书院调研并指导工作
（杨江波 2019 年拍摄）

工作，如政策宣传、材料收集、中草药采集、行政事务辅助等，起到了良好的社会效果。

二　书院公益

我们书院的特色在于把书院内容与扶贫工作相结合，这就有别于社会上一般意义上的书院。书院在日常担负着书画培训等文化教学内容和云岫助学活动，针对村中贫困家庭发起"云岫助学活动"，通过社会募集，社会助学资金已发放 5700 元，发送全新运动服 30 套，旧衣物 200 件，小学新校服 223 套，书籍 2000 余册，美术用品若干；捐赠名人像画作 10 幅给村小学成立"乡村美育馆"，提供云师大美院学生书法作品 19 幅用于提升校园文化环境；为了关注留守儿童的成长，目前已筹备 8000 元成立"留守儿童教育基金"；积极联系外部相关资源助力精准扶贫，目前已邀请了云南龙润集团的两位茶艺专家来书院给界端小学师生培训茶礼，邀请了大理大学艺术学院教授给界端小学学生讲授了书画技艺；联系长沙爱心企业给村中教育工作者发放羊绒围巾 30 余条；聘请北京、山东、昆明三地的三位专家担任书院顾问。此外，为了提升当地教育环境，书院安排一些课程给界端小学培训美术师资，联系昆明中华小学来村举办学生作品展，举办了"杨江波扶贫主题绘画创作展"，为了长久服务本地教育，接受了村小学授予的"校外特聘美育专家"荣誉称号。

图 2　云南师范大学郝淑美副校长在书院调研并指导工作
（杨江波 2019 年拍摄）

为了研究记录扶贫文化和梳理工作思路坚持写扶贫笔记，书院目前已完成 13 万余字的笔记，完成扶贫工作水墨画写生作品 100 余幅。为了更好地连接社会力量发展书院，目前已邀请北京文化部艺术研究院专家和山东中医专家担任书院文化顾问，也受邀去楚雄高等医专举办以上河东中草药文化为主题的画展。创建"云岫文化"公众号，在上面发表乡村散文随笔二十余篇；在学习内容上，既包括政治理论学习，又包括乡村实践改革，还有对于本地文化的调查。书院已成立近一年多了，取得了一些工作上的成绩，得到了村民和上级部门的广泛认可。

三　打造上河东中草药文化陈列馆

上河东行政村包括了十四个自然村组，打造村史文化，进行文化自信自觉才能增强村民的凝聚力。经过调查，本地富有中草药文化资源：山上的野生草药有近 200 种，人工种植重楼大约 40 亩，村里还有十名专业学习中医药的大学生。经过今年残酷的疫情体验，民众对于中草药的疗效有了进一步的认可。于是为了打造好中草药文化,书院带领大学生志愿者制作了中草药标本,绘制了 50 余幅本地草药线描图画,也收集有 100 余种当地野生草药和野生菌标本,此外,也利用春节假期,对接了山东聊城成无己中医协会的资源,邀请名中医来村进行义诊和中医文化合作。同时在地理环境界优越的界端村设计规划了野生中草药文化观光保护区,也和村小学达成文化资源合作,村小学把学生的第二课堂搬到了陈列馆,通过现场参观和讲解,小学生们对于家乡更加了解,也更加热爱了家乡。

图 3　云南师范大学蔡金红副校长、扶贫办沈庆柄主任等在书院和驻村队员以及村三委在书院举行工作座谈（杨江波 2019 年拍摄）

四　打造古井泉文化景观

"乡愁"是中华民族的根,也是民族文化的精神基因。习主席 2016 年在安徽凤阳县小岗村召开农村改革座谈会时强调:"建设社会主义新农村,要规划先行,遵循乡村自身发展规律,补农村短板,扬农村长处,注意乡土味道,保留乡村风貌,留住田园乡愁。"

经过考察,发现界端自然村是本村中最有历史的村组,历史人文景观也较多和集中,而具有六百年历史的古井泉则是整个村庄的灵魂,是最能体现乡愁的地方。于是对此地进行了文化艺术构思,通过云师大划拨经费并结合村民投工投劳,目前这项工程已顺利完成,水塘、莲花、小亭、古井、流水、古树、古道组成的意象使观者赏心悦目。在文化打造方面结合党建内容,重点是激发村民的感恩心和勤勉心。古井泉旁立碑，碑文用古文的方式来记述井史和对于党乡村振兴工作政策的歌颂，木亭刻上自撰联，古树下用古诗绝句的方式来睹景抒情，弘扬良好乡风和家风。因此，古老的村史遗迹经过设计打造在现代社会又焕发出了青春活力，受到了村民的交口称赞。

图4 在界端小学设置"乡村美育馆"（杨江波 2019 年拍摄）

五 打造村史乡贤馆

村史是一个村庄发展的重要文化资源，可以唤起村民的乡土自豪感，从而继往开来。乡贤是乡村振兴的人才力量，本村公务员、教师、致富带头人、大学生、德高者，以及驻村帮扶队员都可以称之为乡贤。成立乡贤馆可以发挥人才榜样作用，也可以凝聚本村优势发展资源，在乡村振兴阶段有着重要的作用。

图5 邀请山东聊城市成无己研究会四位中医专家来村义诊
（杨江波 2019 年拍摄）

六　社会报道

书院乡村美育工作被《中国青年报》《春城晚报》《云南信息报》《聊城晚报》《都市时报》《云南教育网》《德宏团结报》报道；其文化扶贫事迹被梁河县委宣传部和平山乡宣传办以《书香点亮梁河文化扶贫之光》《用实干换真情，这支工作队不简单》为题目在微信公众号进行宣传；新华网以《云南师范大学文化扶贫为挂钩扶贫点解难题》为题目进行报道。

2021 年 3 月 8 日

附录二　腾冲和顺古镇文化访谈

今天来到和顺古镇，住到了本地村民营造的一所具有近二百年历史的老房子民宿里，旅馆老板是位当地退休的文化干部，颇为健谈。他和我介绍了许多关于古镇的文化和历史，并对于由于大量外地人涌入古镇创业而造成对于本地文化的冲击的现状表达了担忧。我关心古镇的文化现状，由此联想到我们村如何建设文化氛围的问题，于是对于讲话内容也做了部分录音。

地点：腾冲和顺古镇
时间：2019 年 11 月 3 日下午 5 点
人物：和顺民宿酒店老板、县宣传部文化干部（退休）

被访谈人：做会计也好，教书也好，怎么说，还是要有点儿知识的才能出去。和顺出去工作的人比较多。

笔者：现在你们这里学生考大学的情况如何？

被访谈人：还好，但比起我们这里山区的一些学校又有一些差别，在腾冲，挨着边境县的几个乡镇，在口岸的那几个乡镇，那些地方读书发奋的更多。觉得没有别的出路，一家赛着一家读书，我们和顺人比起先辈来说差多了。特别是这两年，市场经济以后，和顺发展旅游以后，来的外来游客多了，孩子们搞不懂。看到这些人戴着眼镜、提着手提箱来我们家住了，因为孩子没有成年，就觉得目前的日子是别人向往的，就不像以前那么实干了，不说头悬梁、锥刺股了，最起码要吃苦的。看到在过年游客多的时候，村民在外面卖稀豆粉、粑粑这些也能一天赚几百元，我很担心这种状况。所以我准备让我孙子初中时候到城里生活，幼儿园时我就已经把他们送到城里去读了，不然他不知道你们有今天是通过自己的努力，一看又来了一个漂亮的叔叔，又来一个漂亮的阿姨，拿着一个包出去吃吃喝喝玩玩。慢慢的就会没有那种发奋的心理，他会觉得我们家有这种老房子，客人来住就会有收入。

笔者：因为口岸偏远的村子有生存危机感，靠上学找出路，这里的学生觉得这里挺安逸的，大家就没有这种危机感，慢慢进取心就弱了。

被访谈人：我是很担心的，就在城里买了一个小房子，让小孙子去那里学习居住，和客栈要隔离。读书的地方是读书的地方，平常需要他们在那里学习。

笔者：你说的有道理，古代孟母择邻而居，就是说要给孩子一个成长的好环境，环境是很重要的。

被访谈人：如果他们成年了想法就不同了，但是小的时候不行。到了我们这个年龄，你就知道跟客人交流的时候接受一些信息，外面的知识。客人进来后，我们和顺也发生了很大的变化，文明的更加文明了。因为接待客人需要注意礼节，要小声小气地。家里的老房子，外面大的格局你是不能动的，里面小的地方要扫得干干净净的，清清爽爽的。另外，从外界接触到需要学习的信息，通过微博微信和人家交流，我觉得这也是一种时代信息嘛！

笔者：就是说对于外来人的开放有利弊两方面，怎么化弊为利是重要的。在你们村，像您这种年龄的村民会有种危机意识，你们对于本村的文化也比较了解，那么有没有大家自发成立一个组织来进行文化传承保护？

被访谈人：这种有的，比如成立滇戏小组，还有集邮组织，书画组织，地方政府这两年对这个方面关注的比较多。但关键的事情是乡土文化的流失，24岁我考取了保山地区的文化专干，在和顺古镇工作了十年，放广播、图书馆等群众文化活动，后来又调到县宣传部。

笔者：村图书馆利用率高吗？

被访谈人：图书馆归县图书馆管了，现在去图书馆看书的人不是那么多了，为什么呢？因为看手机的多，我觉得手机害几代人啊！现在都是快餐式的阅读了，以前我工作时也负责编著了很多关于腾冲历史文化的书，但是有多少人在看？我们做课题是手写的，最起码还翻阅了一遍，现在在电脑上粘贴复制，瞧都不用瞧了。

笔者：现在你们村出去上学就业的，对于家乡像先人那样的反馈有吗？

被访谈人：没有了，一般的公职人员也只是维持他自己的一个生活，但他们对于周边邻居，尤其是家族是有帮助的，对社会上的帮助不像以前那么大了。

笔者：我因为正在扶贫，前段时间新华网对我们也有报道，但我们文化比较薄弱，梁河周边文风比较盛的就是你们这里了，但就如您刚才所讲也有一些新的变化，我们上河东村民现在反而对于孩子上学很重视。

被访谈人：变化很大，村里很多房子租出去了，一年十万、二十万的，也就是两个公务员的工资了。这些娃娃就觉得读书没有多大的用处了，社会开放了，进入和顺的大门是敞开的，没有滤网什么都进来了。这个地方一些好的东西慢慢就会被另外的东西代替了，慢慢大家就朝着钱的方面看了，对于当地的历史和文化研究的少了，传播的也少了。其实一些文化，比如家风家训是口传的，代代相传，一个村子的村风是传下来的，也没有文字。但是人们必须要遵循的一些规则，慢慢的这些文化就会被淡化掉。还有饮食文化，以前的人时间宽裕，那时和顺人做菜讲究精细，配料相当讲究。现在的快捷时代随随便便，快餐时代打个电话快餐就送来了，这些东西看起来不起眼。当然一味按照古人那样生活也是不现实的，但如何褒扬这里的乡土文化？慢慢人们不去了解了，只讨论铺面价格如何？翡翠价格如何？不去传扬某家老人的德气了。巷道为什么这么修的？如何建学校？如何建寺庙？这些公益以前都是靠口传，现在人们都不愿意听了，这样乡土文化就淡化了。

笔者：如果乡土文化淡化了，来这里游玩的人也会越来越少了。

被访谈人：是的。如果这里居民都变成了外地人，对这个地方历史不了解，也没有人讲给你听了，那么和顺就逐渐只有共性而没有个性了。

附录三　有关乡村公益事业持续性策略访谈

关于如何将公益项目持续进行的问题，我通过腾讯会议线上访问了风马公益的创始人查老师[①]，他根据自身公益经验提到了"社会企业"的模式，以下内容是对相关访谈内容的节选：

[①] 风马公益的主要公益项目有：一、米店待用快餐；二、关爱癌症儿童行动；三、云南一对一助学；四、云南山区"暖冬行动"；五、云南山区"风马计划"。

方式：腾讯会议

时间：2022 年 4 月 29 日晚上 8 点

人物：云南师范大学大学生互联网＋创新创业大赛艺术乡建公益项目全体成员

笔者：我们云岫书院的乡建公益项目关注乡风文明建设，尤其对留守儿童的健康成长重点关注，对接云南师范大学文化资源和人才资源到乡下去，让青年大学生能发挥出他们的情怀和专业能力，您进行公益活动多年，有丰富的经验，其实我们特别想听一下您对于我们这个项目持续进行有些什么具体的建议。

查老师：我很关注让公益事业得到持续的问题。就是原来一开始做公益的时候呢，可能没遇到这个问题，觉得能把这公益先建立起来就可以了，但是你在做的过程中怎么样持续进行就很重要了。公益项目本身需要有造血能力，才可以持续发展，这就需要商业模式。

你先能够找出要做的一个具体项目，我们可以先做一个平台。做成一个平台之后，我们可以先发展一两个项目，比如说先做这个产品包装，我把农产品做一个很好的包装，把一些文化的东西放在这个包装上面。比如一些口号啊，一些宣传语啊。然后通过这个再建一个微店，找这个渠道去卖。

也可以卖给大学师生，可以卖给学校食堂。通过现有的人力去支持这个项目发展，我们最终很多东西就是需要这个流量来支持我们这个项目的发展。那我们做了一两个项目之后我们再去考虑其他项目的发展。

就是我们先做一个平台，具体来讲，我觉得你这个有点类似的是我产品严选的一个项目。比如说当地有一个比较好的什么文化符号，我们把它通过艺术加工的方法把它变成其他的商业主体，就是现在城市里面的市场上有些人他会喜欢这样的一些文化符号，来作为他的品牌的一个东西去推。

我去年年底的时候去保山那边的鹭江坝。当地有大量的非常好的农副产品。但是，它本身价值在当地卖得很低，外面的价格又卖得很贵，比如说咖啡、芒果，还有橙子什么的这些水果。它那边很适合种这些，这些农产品在本地价值很低，可一旦出了山，到外面的价格又卖得非常的贵。当地的一些年轻的种植户和一些养殖户，他们就发现了利用抖音、快手这些东西来进行产品宣传。它的传播速度跟它的影响是非常快，非常大的，很多年轻人就开始想要尝试去做直播这件事情。但是他做直播是靠表演去吸引眼球，最终把它本身的东西丢到一边，最后想靠一些搞怪呀，搞笑这些他不擅长的东西来吸粉，吸粉之后，然后再卖这些产品给他的粉丝，结果他们发现这条路是走不通的。

你们应该听过一个项目叫京东严选，意思就是说，我做一个"风马严选"的电商的平台。我帮我的用户从各种专业的角度来挑选出各种性价比比较好的产品，然后推给我的用户来保证他的使用的安全。

那它的价值就翻了很多很多倍。国内尤其像云南，他最早发现的这样一个商机。他专门去找这样好的最原生态的东西，最有当地文化的东西。比如说绣片，他弄完包装，然后他再建立一个渠道卖到国外去。他中间赚的差价非常高。

泰国清迈的一个地方。我们跟那里的基金会有合作。这个基金会上面有一个孤儿院。他的这个模式是我目前见到过的孤儿院里面做得最好的，他的理念是最先进的。

他们做了一个什么样的孤儿院呢？澳大利亚的商人买了郊区的几十亩地捐给他们。捐给他们以后，因为泰国很多地方还是比较穷的。他们这个有很多孤儿。尤其是小女孩这种孤儿是比较多的，那他们的社会地位跟未来的前景是比较堪忧的。

所以这个基金会就做了一个孤儿院。这个孤儿院就有外来的资金来支持他们去做建设。他们就给这些两百多个孤儿院修建了宿舍、教室、图书室、足球场等设施。

他们读书的话是到附近的公立学校，学校对他们是完全免费的。那孤儿院要解决的问题就是他们的这个生活习惯的养成和生计这件事情。这是他们一个基本的状态，那孤儿院里面他们有些什么东西呢？

首先他们有自己的种植场，就他们种了很多的果树、水稻和蔬菜。就是一方面解决他们自己的需求，另一方面，多的东西他可以拿去卖，卖了钱就作为他们孤儿院运作的经费。此外，他们还经营有民宿。他们有这个帐篷酒店，还有一个泰式火锅，还有咖啡馆，还有餐厅。这些地方场地就是在孤儿院周边，因为他们有大量的土地嘛。这些场馆都是面向游客对外营业的。他们在当地的口碑非常好，所有里面的员工全部是孤儿院的孩子，他会有一个分工，你什么年纪的，或者说你有什么特长，然后分配给你合适的岗位。放学回来以后，你要去完成你的工作任务。这也是培养孩子的一个非常好的机会，他们里面还注重这个传统文化的一些东西，具体来讲，就是我们吃完饭的时候他们会有一个篝火晚会，会有女孩子出来表演，这些女孩子全部是这个孤儿院的孤儿。她们穿着当地传统的民族服饰，跳着当地的舞蹈，唱着当地的歌，他把这些东西传承下去。另一方面，这也是他们服务内容的一个比较好的亮点，所以他们这个项目运作得非常的好。一年下来，他们完全靠自己的话都没有问题。他已经达到了这我们讲到一个词叫自给自足。

还是有很多企业，或者说基金会给他们捐钱，他们这部分钱就用来去寻找更多的孤儿，或者说扩建更多的场馆。比如说体育馆，比如说礼堂，比如说去请一些老师来给孤儿做一些更专业的教育，整个项目的设计已经达到了一个可持续发展，这个是我出了国门以后比较敬佩的一个项目。

附录四　上河东艺术乡建实践对外影响与持续

书院目前已对其他乡村文化建设产生了辐射作用，如举办文化讲座、产品包装设计提升、乡村文化规划设计、组建大学生艺术乡建公益团队等，但随着工作的开展，亦有相关问题之反思：1. 如何充分发动村民的主体参与热情；2. 如何与当地政府进行良好的沟通与合作；3. 公益项目如何打造社会企业来增强自身造血能力；4. 如何避免公益团队的风险性；5. 在疫情时代，如何充分利用"互联网＋"的帮扶模式。

横梁子古树茶

杨江波

古茶树对于我来讲是一个遥远而又神秘的名称，因为我是北方人，茶树见得少，有年份的古茶树就更没有机会见了。但因缘有时是不可思议的，我博士后出站后来到了离家乡很远的云南工作，又来到了离省城昆明也很为遥远的梁河驻村扶贫。今年年底收到邀请，到同一个乡的核桃林村举办画展来提升其乡村文化氛围，也顺便参观一下他们当地引以为荣的古茶树林。核桃林村位于平山乡和腾冲市交界的位置，从上河东村公所出发，开车近一个小时终于来到了核桃林村。

图 6　横梁子村古茶树林（杨江波 2020 年拍摄）

驱车进村沿路而上拐了几道弯才找到隐在众多民居之中的村公所位置，村公所地方不大，驻村第一书记蒋世红热情出来迎接我，随后喊着新上任的刘支书和另外一名驻村队员明老师一起到位于山顶的古茶树林参观。

沿途又停车考察了两个古村落，古朴的土房子、常年不枯竭的水井、垂在石墙上红艳艳的藤花，这些都让我流连惊叹。最让我驻目的还是那几道从山体里自然流淌出来的泉水，它们欢快而又流畅地汇入了石头砌成的水沟，清脆的流水声让宁静古老的山村多了一些孩童般的顽皮，也多了一些生机，这样的环境顿时让我对于即将要见到的古茶树林多了一些美好的遐想。

到了横梁子村即来到了古茶树林，古茶树林的沿途已修了很好的石阶小路，踏到小路上就进入了另一个清凉世界：诸多参天大树把外界的喧嚣隔离开，里面的植物世界丰富多样，有黄金竹、草果、芭蕉等，也有诸多我叫不上名字来的南国植物。它们陪伴着一排排的古茶树，和谐而又安宁。作为主角的古茶树临阶排列，枝丫弯曲，满目苍苔，它们像是正在诉说着逝去的一段历史，那是本村祖先几百年前开辟新生活的奋斗史，也在畅想着对于未来新世界的期望。几百年的风霜和日月光华铸就了这些古茶树的精魂，我站在这些古茶树面前弯腰侧耳，试图寻出一些岁月的密码。应该说一棵茶树就是一个故事，岁月的流淌也逐渐变成了一首诗，我穿梭在茶树的林间，阳光透过繁密的树叶斑驳地撒在了我的脸上、手上，也深深印在了我的眼睛里，这些光斑分明已混合了茶叶清醇的芬芳，使人不自觉地闭上了双眼，缓缓地呼吸……

要寻找到年龄最长的古茶树还要往前走，快要走到树林尽头的时候，一个不知从哪里传来的人声使得我们四处张目寻觅，抬头才发现一棵粗大的古茶树的树杈上攀爬着一位妇女。她在不断地用力敲落茶树枝上的果实，地上已散落了很多，使得我们不得不小心翼翼地挪步前行。在空阔的山谷里她的声音显得响亮而又热情。据她介绍，这就是那棵有四百多年历史的古茶树了，这棵古茶树看上去也颇有些长者之风，除了树干比其他的茶树粗壮以外，精神颇为健旺，枝条也分外舒展。而我感受更多的是它身上所沁出的气质，一种看透世事后的波澜不惊状态，也就是这种平常心才能使得它的茶香更为醇厚，更为悠远。

我们欣赏了一会儿就顺着小路离开了。这时，一阵山风吹来，古茶树的茶叶哗啦啦的作响，这种欢送的仪式感使得我们对于古茶树的灵性有了更深的感受，也显得这片山谷更为幽静。或许在不久的将来，有识之士会用茶文化康养的主题理念来整体打造规划这里，让这里成为充满着希望与活力的乡村创业热土。

电视剧《遍地书香》的启发

杨江波

本电视连续剧是国家广播电视总局脱贫攻坚重点剧目，总共三十八集，总体风格庄重活泼，剧中主要描述了市文化馆干部刘世成到椿树村驻村挂职进行扶贫的故事。

作为文化单位，他来村时满怀热情带来很多书作为扶贫物资，但市里石书记目睹了村民把捐赠的书籍当废品卖的窘况，嘱托这位新上任的扶贫干部要抓好读书这件事，这使得他的工作压力顿增。为了提升村民的读书热情，他甚至自掏腰包购买小礼品作为参加读书会的奖励。但村干部和村民认为他并没有像别的村扶贫队那样给大家直接带来物质的好处，于是产生了很多怨言。刘世成耐心地进行沟通工作，他认真对村庄和村民的情况进行了调查，发现村庄的自然环境很好，村里也有柳编、书画、剪纸这样的民间工艺，因此决定通过读书提升村民的文化素质入手，开始大力营造村庄的书香氛围。此外他还积极利用个人资源引进有实力的企业进行旅游整体打造，但是发展的路总是不平坦的，投资企业突然出现了资金链中断不能按时开工的问题，于是刘世成被村民埋怨，还被上级约谈批评。但他很快调整了心态，并没有因此气馁，随着时间的过去，村民也消除了对他的误解，又把他重新请回村工作。功夫不负有心人，着力打造的书香环境使得这个小山村的村风发生了极大的改善，很多游客慕名而来，同时也吸引了几家有实力的企业进行旅游项目中标的竞争。村民个人在书香氛围中逐渐得到提升与转变，如贫困户陈三国与村支书矛盾得到化解，柳编产业得到支持与兴旺，以经济利益为中心的超市老板在思维上的转化，老妇女主任李焕荣与老支书张传勤因读书学习而结为姻缘，另外，他们个人的梦想在乡村振兴中也都得到了实现。

　　这些剧中重点人物被塑造得鲜活生动，驻村干部刘世成在工作中表现得既温情又严谨，凡事以村民利益为重。这种忘我的共产党员品质赢得了村民和投资企业的一致尊重，也为他带来了深埋已久的爱情表白。我利用春节期间的休息时间一口气看完了本剧目，看到有些情节甚至会流下眼泪，既被演员精湛的演技所感动，也因为想起我们村的文化扶贫而触景生情。文化教育是云师大的资源优势，"扶贫先扶智"的理念也是重要的扶贫理念。有数据可以证明，据统计："从贫困村与非贫困村的对比情况来看，非贫困村开展过公共文化活动的比重为69.92%，高出贫困村10多个百分点。"[①] 这本书属于部委委托研究的智库书系，这是华中师范大学中国农村研究院对300多个村庄的5000多个农户构成的观察点进行了长期的跟踪调查以及观察。书中有大量的数据和分析说明，研究者通过调研发现影响农民贫困的因素是"四高一低"：受教育程度低、社会接触程度低、政策利用程度低、劳动力负担程度高。受教育程度与自身能力的提升和工作机会的把握有着明显的关联，当前的农村教育，不仅导致农民短期贫困，而且制约其长期致富，也造成了下代人的机会不均等。

平山乡核桃林村文化规划

杨江波

　　为了帮扶平山乡文化建设，我受邀赴核桃林村清水塘自然村和横梁子自然村考察并进行相关文案设计。清水塘村地处梁河县和腾冲市交界地方，也离龙陵和芒市不远，地理优势明显。另外，自然环境优美，村里有九棵上百

---

① 徐勇主编，邓大才等著：《反贫困在行动：中国农村扶贫调查与实践》，中国社会科学出版社2015年6月第1版，第498页。

年的核桃树，也时常有猴子出没，从山体自然流淌出来的几道泉水和常年不竭的涌泉使村庄多了诸多灵气。村庄不大，常年生活着四十几户人口，读大学的村民子弟很多，更有博士学历的青年学子。

图 7　村民正在悬挂巷口文化名牌（杨江波 2020 年拍摄）

综合上述优势，建议本村强化文化氛围，以文化做长远规划发展文旅带动乡村振兴。

具体思路如下：

（一）以扶贫电视剧《遍地书香》为主题参考案例，广泛发动村民进行读书活动，形成人人爱读书，家家有书香的良好乡风。定期举办背书、背诗活动和读书心得分享会，村委会喇叭早晚定时朗诵美文美篇。

（二）组织本村大学生志愿者进行寒暑期读书辅导活动，并请本村博士学生担任"清水塘文化形象大使"。

（三）打造文化村巷，全面提升人文环境。核心区域为清水塘古井处，不锈钢围栏可以挂上文化宣传墙，塘中种植荷花。村中具有久远历史和传统审美的老屋、老墙可以挂牌保护，巷道可以起名挂牌，村口通往老核桃树的路口处可以立牌。

（四）收集村中老物件做集中展示，如石槽、稻谷脱粒机、织布机等。

（五）收集村中一部分老照片，扫描后做历史文化墙。

立牌内容：

（1）古井处不锈钢围栏悬挂社会主义核心价值观内容：富强、民主、文明、和谐、自由、平等、公正、法治、爱国、敬业、诚信、友善。

（2）村中各巷道可以把村规民约浓缩简练为两字起名挂牌：感恩巷，清洁巷，家风巷，和睦巷，善行巷，新风巷，惜物巷，勤俭巷，守法巷。

（3）村规民约具体内容可以挂在村民活动中心里。

（4）老屋、老墙挂牌保护：每个牌子要注明本历史遗迹的历史简介。

（5）村口进村处的墙上钉上大字：遍地书香——美丽乡村清水塘欢迎您。

（6）村口通往老核桃树的路口处可以立路标牌：清水塘农耕文化原生态观光区。

（7）古井处可以立牌对于古井做相关介绍。

横梁子有两百棵古树茶，茶质很好，但包装粗糙，没有文化品位设计。因此云岫书院设计新款茶叶包装十种，分为文人系列和乡土系列两种礼品盒。

乡村艺术节

杨江波

在梁河县来讲，乡村艺术节还是一个新鲜事物。但随着精准扶贫工作到了尾声，乡村文化得到了越来越多的重视，乡村文化对于精准扶贫的助力作用也显得愈发重要。核桃林村驻村工作队在这方面用心颇多，今年除了搞家风家训还举办了"第二届乡村艺术节"。驻村第一书记蒋世红在一个多月之前就和我预约了在艺术节期间举办画展的事，对于文化扶贫的事也是我所热心的，因此爽快地答应了下来。

画展放在村小学的室外走廊进行，因为条件所限，扯上两根绳子就用夹子把作品夹了上去。一阵风吹来，这些纸质作品随风晃动，好像很多的蝴蝶在翩翩起舞。这所小学里共有一百八十多名学生，因为海拔高、紫外线强的缘故，这些孩子们的脸庞比上河东村的孩子们在肤色上显得更为黝黑。他们做着艺术节的准备，在老师的指挥下一边干活一边嬉戏打闹，这些欢快的笑声惊飞了檐下的鸟雀，也应和了远处节日的排演。随着红地毯铺好，操场上的孩子们开始做最后的排演，不知谁喊了一声"开始唱了"，刚才还聚在画展跟前叽叽喳喳的孩子们顿时跑向了操场。

扶贫记忆：上河东村艺术乡建民族志

图8　与核桃林村小学的孩子们在一起（杨江波2020年拍摄）

受邀的宾客们坐在第一排，也被安排了给节目打分的任务。后面围着诸多村民，演员们穿着鲜艳的表演服也各就各位。两位主持人应该是村里经过挑选的靓男美女，演员年龄跨度很大，既有年轻的姑娘，又有年迈的老婆婆。各村组选派的节目大多是围绕日常生活生产来进行创作的，既有舞蹈、诗朗诵，也有表现老婆婆学文化的幽默小品，虽然她们不是专业的舞蹈演员，但看得出是很用心地在表演。台上表演的认真，台下的观众也乐不可支，村民对于这种自编自排的本土娱乐节目有着一种乡土亲切感。我因为坐在第一排，有着天然的条件可以看清她们的表情，她们有的笑容灿烂，有的因为紧张而并没有任何表情，但她们的眼睛里都流露出了欢畅与满足。国家对于乡村振兴所倾注的心力使得农民的生活如芝麻开花般节节升高，不善言辞的农民用欢快的舞蹈来表达着此时的感恩心情。

僵硬的腿脚，粗陋的服饰，配合并不默契的舞蹈动作，这些都因为真情的流露而具有了审美性。乡土是具有粗朴的审美特征，农民们热爱劳动，热爱生活，也希望用艺术的方式来展现自己。举办此类文化活动既可以丰富村民的精神生活，又可以促进产业的发展，甚至也可以起到凝聚民心提升内在脱贫动力的作用，可以说，文化振兴是乡村振兴工作的重要内容之一。

在这些节目之中，我印象最深的就是舞蹈节目《打花棍》和诗朗诵《中华少年》。"打花棍"节目是民间传统非物质文化遗产，据说已流传了两千余年。其动作多样明快，而且程式感较强，村民穿着鲜艳的服装手持花棍左击右打地进行集体舞蹈，表现出对于美好生活的向往；几名小学生集体表演的诗朗诵，银铃般的童音展现出了山里娃的自信与自强，这都深深打动着我。

最后在十七个节目中评出了一二三等奖，获奖的村组兴高采烈，手里的奖牌在太阳的照耀下闪闪发光，它照亮了核桃林村乡村艺术节的现场，也照亮了乡村的精准扶贫之路。

罗新寨村情调研及文化改造建议

杨江波

云南省地处西南边陲，既有它的发展优势，也有发展的劣势。优势是毗邻边境，民族文化丰富多样，生态环境也优良，另外适宜发展高原特色农业和旅游业，劣势是缺乏具有千万人口的大城市，因此都市带动乡村发展的力量弱，交通相对滞后，优势工业也缺乏，集体经济底子薄，也不属于创新型的省域。梁河县地处边陲地带，多民族文化和谐交融，是闻名中外的"葫芦丝之乡"，2021年4月26日，梁河县获得了"云南省全域旅游示范区"的称号，所谓全域旅游就是"在一定区域内，以旅游业为优势产业，通过对区域内经济社会资源尤其是旅游资源、相关产业、生态环境、公共服务、体制机制、政策法规、文明素质等进行全方位、系统化的优化提升，实现区域资源有机整合、产业融合发展、社会共建共享，以旅游业带动和促进经济社会协调发展的一种新的区域协调发展理念和模式。"

天宝村罗新寨位于天宝村委会驻地，本村共8个村民小组，2019年末有乡村户数405户，乡村人口1817人，劳动力1267人，从事第一产业573人，第二产业58人，第三产业230人，外出务工劳动力351人。耕地面积1049亩，其中水田870亩，旱地179亩。农作物播种面积3864亩，茶叶种植面积651亩，蚕桑种植330亩。大牲畜年末出栏43头，存栏293头，年末出栏猪1148头，存栏1436头，人均口粮264.6公斤，人均纯收入7021元。罗新寨位于梁河县平山乡域内，临近腾冲，据村干部介绍，其村民祖上也是由腾冲搬迁而来。周边距离腾冲著名的莫拉佤族村只有十多公里，离尖山风景区也只有三公里。罗新寨村民皆姓罗，为一族之民众。村内建有颇有规模的罗氏宗祠，祠边有水塘和老柳，后方有陵园和学堂旧址，且村中完整的老房较多，巷道阡陌交通，隐约可见茶马古道。最引人瞩目的是多道泉水从山体自然流出，顺着水泥渠道滋润着整个山村，也灌满了村中十余口水井供村民日常使用。在村中沿路拾级而上，有多处可驻留观望风景处，景景不同，令人流连惊叹。因此未来规划可以短期与长期结合，重点打造文旅休闲农业，以文化来带动产业发展，以产业发展来吸引人才驻留创业。

罗新寨重视文化的风气由来已久，除了外出读大学的子弟颇多之外，从其房屋的格局建造以及家堂的悬挂内容皆可以看出。值得注意的是：同是平山乡的乡村，但天宝村与我所驻村的上河东有着很多不同之处，这在一些细节上可以体现出来。如房屋的装饰更加细腻讲究，门口白墙上多绘有装饰绘画，木雕也很多，在几家门口的墙上镶有阶梯状的纹瓦。大门口普遍宽大，呈半开放状，有避雨防晒和交流之功能，且大门上方建有卧房。在文化理念上，本村人重视村史，有强烈的文化保护意识。而上河东村的文化氛围感觉相对粗糙简单一些，对于文化的重要性也在思想上显得薄弱一些。

一　文化改造之建议

综上调查之内容，结合梁河县"云南省全域旅游示范区"的身份和平山乡政府打造"林海茶乡，人文平山"的发展思路，有如下文化改造之建议：

（一）罗氏宗祠

祠堂对于罗新寨来讲意义重大，因为一村人皆为同族人，若打造得好，可以起到承前启后，团结族人，凝聚民心的作用。但经过笔者现场调研，也发现存在的一些问题。

存在问题：1. 整体氛围陈旧而有压抑感。2. 景观还不够美化。3. 祠堂文化和祖坟陵园、学校旧址以及水塘景观整体联系性不够。

解决方法：1. 祠堂院内大量的松柏树移栽到陵园，留出宽敞空间可以供族人活动交流之用。2. 右侧新建展馆可以分为两部分，第一部分为流动性展厅，在节日期间举办村子里的一些文化展览，以活跃村子的文化生活，提升劳动力素质。如村民手工作品展示，村民摄影展，家风榜样展，少儿美育作品展等，也可以是邀请村外的一些文化展，如邀请县里的文化局下乡举办相关展览等。第二部分为固定展厅，主要展示村里的村史民俗以及乡贤内容。3. 把祠堂建设、村学堂旧址，以及水塘景观和陵园联为一体，打造罗新寨的文化核心景观。村学堂保存较为完整，可以把传统风貌和现代设计相结合改造成为村里的文化休闲中心，它具有对内和对外两重功能。对内可以提升村庄的人文环境服务村民，对外可以供游客读书休闲消费，中心备有德宏后谷咖啡以及本地古树茶和回龙茶等本地特产，环境要清雅卫生。水塘周边要以打造人文花园的思维来提升吸引力，发动村民多种花树和花丛，用花团锦簇的效果来形成网红打卡地的宣传效应，也会给古老的村庄提升活力。因为地方有限，设计要贯彻精致讲究的理念。陵园是祭奠先人的地方，但其中有很多老的墓碑，可以用传拓的方式把陵墓上的刻字以及花纹图案拓下来放在祠堂展厅集中展示。4. 祠堂后院可以改造成儿童学习中心，以供村中子弟写作业和读书之用。儿童后辈的进入可以提升祠堂活力，有家族昌盛，培养人才，绵远不绝之意。5. 开办公益文化培训班。发动村中退休教师和本村大学生子弟在闲暇时间教授村民识字文化和普通话，举行周末读书论坛，引导文化氛围。

图 9　在乡政府工作人员的陪同下调研罗新寨村（杨江波 2020 年拍摄）

（二）自然村人文环境提升

突出水的文化属性，用水的主题来凸显村庄的文化灵性。

村中水资源丰富，泉水清洌，在中国传统文化中，关于水的诗句不胜枚举，如宋代王安石《书湖阴先生壁》：茅檐长扫净无苔，花木成畦手自栽。一水护田将绿绕，两山排闼送青来。杨万里在《小池》中有句："泉眼无声惜细流，树阴照水爱晴柔。"乡村的诗意美景在诗人笔下多有描绘，要力图打造可以和和顺古镇相媲美，而独具特色的"文化水乡"，具体改造如下：

1. 以艺术的手法，以生态的理念将水资源重新设计，在村中打造多处水景观，景观设计要融合古诗中关于水的诗句，在设计理念上要把传统与现代时尚相结合，重视创意的生动性。

2. 整理村中人文遗迹，把具有特色和历史价值的资源进行保护和重点展示，打造丰富的文旅驻留点，把整个自然村变成一座开放的民俗博物馆和自然生态体验馆。如把"文革"内容和具有年代感的手绘壁画镶上玻璃罩进行保护，旁边要有文字介绍牌。把村民家中已没有实用价值的老物件集中收集，根据设计主题需求进行公共展示。把尚存留的老石头路也要立路牌进行介绍，对于已经被新路覆盖的茶马古道也要进行提示介绍，让游客到此有历史的想象和怀念。村中老屋也属于重点保护展示的对象，经过选择，一些老屋可以改造成各具重点内容的民俗博物馆和乡村传统手工艺体验中心，另外一些老屋可以改造成民宿，民宿设计可以分为三类：一类是以体现传统人文为主，有粗朴自然之美；一类是把传统元素进行重构为主，体现出现代时尚之美；一类是把客房嵌入到村民家中，在融入中体验原生态乡村生活之美。外部有美丽风景的民宿设计要注意多运用玻璃大窗，把外部风景引入屋内，要破除传统民居狭小封闭之弊，要符合现代人注重开放、生态、交流、休闲、个性之需求。

3. 把自然村的巷道进行鲜花主题打造，每条巷道都用不同鲜花进行装扮，巷口加名匾。因为村庄依山而建，村中可划分几处观景台进行文化打造，有的可以观赏民居瓦顶之美，有的是古风之美，有的是远眺之美……

4. 引入现代管理理念，成立旅游股份合作社。要打破传统小农经济的局限性，加强现代化理念，大力培养村中年轻人或者引入外聘管理人才，采用村民集资分红的方式，或者引入外来资本的专业打造，聘用本地村民工作的公司化运作方式。

5. 打通旅游通道，链接旅游资源。与腾冲的旅游资源对接，同时开通巴士、骑行、徒步和骑马等多种方式引导游客到景区游玩，或者深入到产业田地体验农耕文化。

6. 提升自然村的文化氛围，形成遍地书香的氛围。引导村民爱文化、爱读书，利用村中广播定时读书播音，家家有书架，把读书氛围变成景点，用读书来提升乡风文明，提升旅游价值。

7. 与高校美术学院和文化部门联系，在村中设立美术写生基地和写作创作基地，以此可以增加村民固定收入和提升文化氛围。

8. 设计文化包装，加强本土文化品牌理念，用本土水墨拓印方式设计诸多文化衍生品。

综上所述，天宝罗新寨具有丰富的人文资源和地理优势，因此，深入挖掘它的人文生态魅力，尤其要结合现代观念和技术进行乡村活力升级，在现代智慧农业和人文活态传承方面下大力气，在生产关系改变、文化旅游形象宣传、人文素质提升、内外资源链接等几个方面都要进行整体系统性的设计与打造。要创造一个理想的产业模式，即如中国农业大学李小云教授所讲："理想中的产业模式是一个包容性的、多元的、可以互相支撑的新业态。"

洪官屯镇卫生院铜葫芦中医文化雕塑设计理念阐述

杨江波

因为是大型葫芦景观文化展示，所以铜葫芦整体呈中正稳定的外观，为了使稳中有变化，在葫芦顶端设计了有垂头造型的藤枝，垂头有内守含蓄之意，符合传统文化精义。葫芦嘴处有一圈葫芦叶图案点缀，可以进一步丰富葫芦外观。下面小腹一周划分为四个小圈，分布有成颐堂堂号和一幅成无己标准像，这宛如文章的标题。为了呈现灵的感觉，大小腹之间一定要留有腰。大腹是整个壶身的精彩之处，要内容丰富，因此这里可分为两个内容：上部一周写有成无己的一段医语，要竖写排版。下部安排能反映聊城深厚历史文化的画卷，因为成无己是聊城众多杰出历史人物中的一员，他的成就也离不开水城运河文化的滋养。再往下是设计了浪花图案来托出壶身，这样既使葫芦和基座在视觉上有了过渡，也呈现出"水城"这一城市文化名片，另外，从哲学上来讲，"上善若水"可以反映出中医悬壶济世的大医精神，"智者乐水"，中医治病是用阴阳五行平衡的智慧来辩证治病养生，因此它又是一门智慧之学。基座分为八个面，每一面用的是不同的八卦卦形，它和葫芦整体铸在一起。最底面的台座可以选用四方形的石头，从阴阳来讲，天圆地方，台座的方形是坤，葫芦的圆形是乾。

图10 铜葫芦中医文化雕塑在成无己纪念馆前举行落成典礼
（孙克锋提供图片）

立德树人与职业规划

杨江波

2018—2020年新进教师岗前培训结束了，这次集中培训共计五天，大概有十位教授作了精彩的讲座，蒋永文校长以自己求学和工作的经历体会给新进教师做了首场讲课。回顾这次培训活动，我收获很多，对于将来的职业规划也更加明晰了。

（一）师德师风

作为教师要重视师德师风的建设，听首都师范大学苏寄宛老师讲述了《新时代高校师德建设的形式与任务》一课感触良多。国家要在2035年建成教育强国，所谓"百年大计，教育为本；教育大计，教师为本；教师大计，师德为本"，高校教师既是传道者、授业者、管理者、示范者，还是研究者。蒋永文校长指出："学生渴望高水平的教师，既有真才实学又有人格魅力的教师才是受学生欢迎的老师。要学高身正，要做谦谦君子，有悖师德的行为是坚决不被学校允许的。"蒋校长从怎样开始自己的职业生涯和如何培养高质量的人才这两个问题出发，认为新进教师要有良好的教学方法，要有"课比天大"的心态，要把教育和科研相辅相成，要着力培养学生的创新能力。

(二) 教师楷模

本校教育学部王鉴老师是长江学者，也是很受学生欢迎的导师。他从大学教师的专业发展的题目讲述了"为学而教"的重要性，认为当下大学课堂理念落后，教师不深入钻研课程教材教法，不关注大学生的学习方法，也不充分利用现代信息技术，认为应加强教学与科研的紧密结合。其讲课内容分为四个部分：1. 大学课堂教学呼唤教师专业发展。2. 大学教师专业发展的内涵与特点。3. 大学教师专业发展的结构与责任。4. 大学教师专业发展的理念与策略。他重点提出新课程改革中成长起来的学生喜欢合作学习、自主学习、探究学习、研究性学习、综合性学习、专题性学习等。在最后的结业典礼上，两位老教师代表也充满深情地讲述了自己的教学之路，强调"既来之，则安之"的教学态度，这对于年轻老师有很好的传帮带作用。云南大学专职辅导员朱丹老师为大家带来的是《"三全育人"视野下的学生思想政治工作》讲座，朱丹老师是全国高校"最美辅导员"，云南省辅导员名师工作室"朱丹工作室"主持人，她从自己的工作经验出发讲述了高校思想政治工作的重要性，这也对于新入职的辅导员来说既是一种激励，也是学习的榜样。

(三) 师大底蕴

"承前启后、继往开来"是我们国家对于历史的辩证唯物主义态度，西南联大作为中国教育史上的巍巍高标，它对于当下中国梦的实现是很有研究和纪念意义的。云南省中国近代史研究会会长吴宝璋教授为我们讲述了"西南联大精神与中国梦"，国立西南联合大学是中国抗日战争开始后三校联合内迁于昆明的一所综合性大学，它在当时保存了重要的科研人才力量，也培养了一大批优秀的人才。1938 年 8 月 4 日，教育部下令自下学期起增设师范学院。1946 年三所大学迁回原址，师范学院成为独立的国立昆明师范学院，1984 年昆明师范学院改名为云南师范大学，因此，我们云南师范大学和西南联大是有很深的渊源，这种历史底蕴也给我们的发展提供了很大的原动力。我们在老校区听了吴教授讲述关于西南联大的讲座，也在导游的带领下参观了联大博物馆、联大校舍，以及三校纪念碑。"国立西南联合大学纪念碑"高约 5 米，宽 2.7 米，石碑正面的碑文是由冯友兰撰写，背面列有 834 名从军学生的名单，观之让人动容，可以说，我们师范大学是与国家的命运紧紧连接在一起的。习近平主席去年来到这里参观并做了重要的讲话,这更激励了广大师生努力学习报效祖国的热情。我们继承了西南联大"刚毅坚卓"的校训,表示不忘历史,不忘国耻,奋力向前的新一代云师精神。云南师范大学建校以来,为西部教育培养了大批人才,在校人数近四万人,有93个本科专业和17个省级重点学科,也和清华大学、北京大学、南开大学三所高校建立了友好的合作关系,被誉为"红土高原上的教师摇篮"。

(四)心理建设

对于心理健康的关注是近些年才被引起关注的,大量的案例表明目前大量高校教师存在心理亚健康问题,这已严重影响到他们的生活与工作。高校青年教师是目前压力较大的一个群体,因此如何调试自己的情绪,如何以阳光的心灵来影响学生的健康成长很重要。学校资深心理咨询专家赵建新教授早先毕业于北京大学,讲课风格幽默而又灵活,他以《新教师的心理调整》为题进行了讲述,并开了相关的药方对症下药。

(五)职业规划

1. 转变角色,适应新环境下的教师职业

虽然我的工龄已有十八年之多,但因为中途在天津和北京求学攻读学位时间达十年之久,所以对于目前的教育环境的变化并不很熟悉。来到了新的教学岗位,在教学方式、理念等方面都需要研究和适应。比如我之前任教时所使用的方法是教师课堂讲授,学生课下完成作业,但今天的学生处在信息发达和彰显个性化发展的社会,翻转课堂成为今天学校推荐使用的教学方式。翻转课堂强调课前预习知识,课中教师分析答疑,鼓励师生和生生之间的互动学习,课下拓展相关知识,可以说,翻转课堂把传统教学模式的教学结构进行了翻转,培养了学生的自主管理能力,提高了学习效能,这是在互联网技术发达的社会条件下出现的。可以说,我之前的十年是以学生的身份来进行研究和创作的,后来又被派到了梁河县驻村扶贫两年,那么今天我就还是面临着角色的重大转化问题,这是我要去积极适应的。如果处理得好,可以把这些经历化为教学资源,达到更为生动的教学效果。

2. 正确处理好教学科研的关系

大学教师和小学以及初高中老师相比,其知识分子的身份更为明显,因此,科研是提升自己专业性以及提升课堂教学质量的必要方式。教学与科研的关系一直以来是高校教师争论的话题，前些年在高校评价体制上过于强调了科研而导致了在教学效果上的减弱。随着社会的发展，现在评价体系愈来愈趋于理性合理，既是强调科研与教学的融合，也提升了研究教学方面的科研在评价体系中的比重。作为我来讲，研究云南的民族艺术多元审美环境下担当艺文的审美是重要的学术立足点，但如何在教学中深入浅出的讲授是我要面对的一个难点，如何把担当艺文审美的研究引向深入并让它对当代产生文化引领意义是一个研究的重点。

3. 加强教学科研，打造专业金课

师范大学是培养教师的摇篮，因此教师个体对于教育教学理念与方法的提升是势在必行的。它一方面可以提升自己的职业素养，另一方面可以更好地把优良的教育观念进行师生传递。我要以优秀教师为榜样，努力钻研教学方法，学习成功的教学经验，结合本专业发展和学院的规划来积极打造精品课程。要打造好精品课程，除了要在专业领域深入钻研之外，研究先进合理的教法也是重要的，尤其是体现以学生为课堂主体的教学理念，充分调动互联网大数据数字资源，发挥团队力量，进一步熟悉打造专业金课的政策与方法。

4. 身正为范，加强教师职业修养

教师的职业有其特殊性，因此要修身修德，要为学生的身心健康发展做出榜样。目前全国上下掀起了学习张桂梅校长的热潮，张桂梅校长建立了免费女子高中，她舍小我为大我，以改变大山里女子命运为动力，不顾满身的病痛，把一批又一批的学生送到了重点大学。她毕业的学生之中后来有成为教师的，有成为警察的……，她们命运的改变离不开张校长的真诚付出，张校长的高尚师风也深深影响了她们的人生价值观。作为教师就要与社会不良风气作斗争，就要"学而不厌，诲人不倦"，就要关注学生的终身发展。因此，必须严格要求自己，不断地反思自己，不断要求进步是我在以后的职业生涯中尤其要注意的。

结语

作为新进教师，要全面了解本校的历史人文，以及学校相关的资源。也要在入职之初就要树立高尚的职业情操，明确自己的职业发展规划。在这个层面来讲，人事处组织的这次培训活动是具有很重要的意义，它们不但安排了本校教师的优质教育资源，还邀请了外校的相关专家来进行讲座。在内容

按排上，既有关于师德师风的讲课，也有关于学校政策法规和专业发展的讲课，这些丰富的内容汇集起来就是一桌教育大餐，让我们受益很大，也决心为云师大的发展将来做出自己的贡献。

大学生互联网+创新创业大赛艺术乡建公益项目

杨江波

什么是教育？教育的实质是什么？既然是以发展为目的的，就要充分考虑教师和学生的良性互动，所谓"学为人师，行为世范"，教师要有终身学习的理念，也要培养自己精湛的业务水平和高尚的人格，要"立德树人"。古语讲"其身正，不令则行"，讲师德是培养教师队伍的核心问题，习近平主席提出好教师有四个标准：有理想信念，有道德情操，有扎实学识，有仁爱之心。有理想信念就是不仅要把教师当作一种职业，还要当作事业来经营，在认真工作中获得成就感。有道德情操就是注重人格的提升，要做道德文章，《弟子规》曰：首孝悌，次谨信，有余力则学文。即是强调道德的重要性。有扎实学识即是强调教师要有精湛的业务能力才能授业解惑。有仁爱之心才能行为世范，才能转小我为大我。

但时下也确实存在"实用理性"和"工具理性"的问题，在日益增大的就业压力和日趋激烈的竞争压力之下，在大学生群体中出现"躺平""内卷"这样的状态，大学生在专业热情、事业情怀等方面也凸显出一定问题，虽然国家开始出台加强美育和思政的一些措施，但实现起来必然有一个过程，其间方法和耐心是很重要的。

驻村结束回校工作后，"互联网+大学生创新创业大赛"青年红色筑梦之旅赛道的项目让我眼前一亮，我作为指导教师指导学生参与了本项目。公益组项目的评审要点从教育维度方面的要求之一是："要让项目能充分体现院校在新工科、新医科、新农科、新文科建设方面取得的成果，项目充分体现专业教育，思政教育，创新创业教育的有机融合，体现院校在项目的培育孵化等方面的支持情况。"

乡村振兴是重要的国策，这显示出党和政府重视"民生"的执政思想。大学生作为民族复兴重要的人才储备力量，如何在基层锻炼自己，如何树立正确的人生观价值观，深入了解国情民情，培养发现问题、分析问题、解决问题的基本规律,将自己的专业知识在实践中得到提升,将"论文写在大地上"。乡建先驱梁漱溟先生认为:"西洋风气——个人本位的风气进来,最先是到都市,所以此刻在都市中固有空气已不多见,而在乡村中倒还有一点。所谓'礼失而求诸野',在乡村中还保留着许多固有风气。有一点,则正好藉以继续发挥。"①

青年学子可以在服务乡村的过程中可以吸收中国农耕文明的营养,熟悉国情国策,从达到课程思政的教育效果,具体来说,有3点内容:1. 课程思政讲求"润物细无声"的效果,深入挖掘课程蕴含的思想政治教育资源,褒扬课程资源中的真善美因素,潜移默化地引导学生树立起正确的三观,将价值观的引导寓于知识的传授和学生能力的培养中;2. 在文化上注重中外审美思维比较研究,通过比较来坚定学生的文化自信,习主席说:"文化自信,是更基础、更广泛、更深厚的自信,是更基本、更深沉、更持久的力量。"要以问题导向引导学生思考中国传统文化如何深入挖掘,如何进行现代转化,怎样在国际舞台上讲好中国故事;3. 在思想思辨上突出马克思主义理论与中国实践相结合,用辩证唯物主义的思维来分文化艺术在乡建中的重要作用,并找到在当下社会青年大学生的价值坐标。

梁漱溟先生认为:"做中国农民运动,须另具眼光,与在其他社会不同。我们即为农民打算,他的利益,亦不单在那些物质上,物质只是与利益有关而已,非物质即利益。利益是什么?利益就是好处,能增进人生趣味者,便是好处。人生缺乏物质,当然不行;然就以钱多,不做事,为人生乐趣,则是错误。——这或者适足以减杀人生乐趣。人生乐趣何在?人生乐趣有两点:一、和气彼此感情好,彼此能敬爱,大家都忘了自己,融成一体之情。二、创造,说的平常些就是努力,用我们的身体或心思向前去干一些事情,于工作上有自得之乐。"② 我们做乡建工作是如此,做公益项目亦是如此,要减弱功利心从而增进"人生乐趣",趋向儒家强调的"美善相乐"的美育境界。

社会捐赠

云岫书院在成立之初就注重和社会帮扶力量相链接,一方面可以唤起社

---

① 梁漱溟:《乡村建设理论》,上海人民出版社2011年版,第168页。
② 梁漱溟:《乡村建设理论》,上海人民出版社2011年版,第433页。

会力量对于上河东村发展的关注，另一方面也可以壮大云岫书院的帮扶资源以增强帮扶效果。云岫书院成立以来，社会各方爱心人士从各地寄来书籍、现金、学习用品等从而凸显出我们"一方有难，八方支援"的爱国精神和全社会参与的大扶贫格局。

云岫书院
社会捐赠明细

1. 张敏俐（长沙）现金2000元　儿童书籍3套　黑茶1盒
2. 杨庚臣（平度）现金5000元　书籍340本
3. 陈颖（上海）书画毛毡10张，图书101册
4. 张乃温（昆明）美术类书籍约100册
5. 舒光强（北京）现金500元
6. 瑞恩（聊城）现金300元
7. 黄彦伟（郑州）现金500元
8. 张磊（昆明）速写本50本铅笔20盒
9. 杜奚　现金500元
10. 杨伟红（平度）现金200元
11. 晓红（广州）现金500元
12. 殷昭玖（济南）国学经典5套
13. 刘文新（天津）现金100元
14. 欧来荣　现金200元
15. 安祥祥（威海）现金666元
16. 赵志辉（楚雄）600元
17. 田增光（大理）国学精装书籍3套
18. 葛丽敬（重庆）现金200元
19. 张和娟（平度）现金200元
20. 马海霞（平度）现金200元
21. 李若飞（深圳）图书5箱约500册
22. 梁文斌（北京）画具1箱
23. 陈玉圃（北京）题写书院名匾

附 录

24. 张敏俐（长沙）羊绒围巾30条　现金2000元
25. 冯巍（北京）护眼台灯1台　书籍27本
26. 云南龙润集团　功夫茶炉2套　玻璃茶杯1箱　功夫茶瓶2套　普洱茶饼22个
27. 蒋世红（芒市）篮球1个
28. 金笑谈（昆明）新运动服30套
29. 陈漫之（云南财经大学）书法作品1张
30. 李群辉（北京）现金300元　书法网上课程1套
31. 师老师（天津华夏银行）现金3000元
32. 岳喜利（北京）现金2000元
33. 黄海燕（聊城）铅笔5盒　素描本4本　毛笔6支　水彩颜料1盒　水彩笔10支　美工刀6把　素描纸100张　毛边纸8刀　画架1个　插排2个　卡宣纸40　丙烯颜料3盒　橡皮12个画作一张
34. 山东聊城成无己研究会　100套文具　30个成无己养生口杯　20本养生科普读物
35. 杨娜（沈阳）200元
36. 李静（山东大学）1200元（现金）
37. 丁韬（云师大美院）专著4本
38. 陈艳敏（北京）书籍80本
39. 昆明中华小学　40张儿童绘画作品
40. 包绍红（云师大美院）书籍3箱
41. 孟祥国（山东聊城大学）学习用品1箱
42. 吴品翰（云师大美院）书籍1箱
43. 陈颖（上海）400张画纸　6套油画棒　作业练习本1箱
44. 杨洪琳（北京）儿童画材6套　文具1箱　保温杯1个
45. 云师大美术学院捐赠村小学价值2000元笔墨纸砚
46. 刘恺（北京）毛绒玩具50个
47. 魏巍（北京）书籍9箱
48. 麻娴（北京）少儿书籍200本
49. 北京银行聊城分行职工　旧衣物200件
50. 李彬（宁波）现金300元

51. 周家庆（聊城）现金 500 元
52. 魏建明（武汉）书籍 40 本
53. 杨三波（平度）书籍 200 本
54. 德宏州市场监督管理局（芒市）全新校服 223 套
55. 长沙市雨花区虹德精工机械有限公司　艺术乡建公益项目活动经费 5 万元

图 12　社会爱心人士捐赠给村小学很多课外读物
（杨江波 2020 年拍摄）

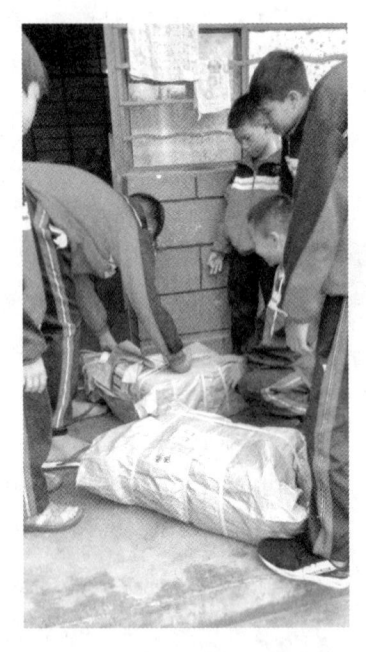

图 11　关注乡村留守儿童身心健康，捐赠成长基金
（王新鑫 2020 年拍摄）

参考文献

一 中文著作

中央党校采访实录编辑室：《习近平的七年知青岁月》，中共中央党校出版社 2017 年 8 月第 1 版。

中央党校采访实录编辑室：《习近平在宁德》，中共中央党校出版社 2020 年 1 月第 1 版。

中共中央宣传部宣传教育局编：《沃野新风：全国农村精神文明建设经验汇编》，学习出版社 1999 年 3 月第 1 版。

云南省梁河县地方志编纂委员会编：《梁河县志》，云南人民出版社 2011 年 11 月第 1 版。

丁方主编：《东方文艺复兴研究》，南京大学出版社 2016 年 6 月第 1 版。

费孝通：《乡土中国》，上海人民出版社 2007 年 8 月第 1 版。

费孝通：《费孝通自选田野笔记》，商务印书馆 2017 年 11 月第 1 版。

费孝通、方李莉编：《费孝通论乡村建设》，商务印书馆 2021 年 12 月第 1 版。

方李莉主编：《西部人文资源考察实录》，学苑出版社 2010 年 7 月第 1 版。

顾保国、林岩：《文化振兴：夯实乡村振兴的精神基础》，红旗出版社 2019 年 10 月第 1 版。

杭静、周建文编著：《困有所助：农村减贫》，中国民主法制出版社 2016 年 9 月第 1 版。

梁漱溟：《乡村建设理论》，上海人民出版社 2011 年 6 月第 2 版。

刘姝曼：《再造"家园"——顺德艺术乡建民族志》，中央民族大学出版社 2022 年 3 月第 1 版。

刘悦笛：《生活美学与当代艺术》，中国文联出版社 2018 年 8 月第 1 版。

李四龙编：《人文立本》，北京大学出版社 2010 年 1 月第 1 版。

孟凡行：《器具：技艺与日常生活》，中国文联出版社 2015 年 1 月第 1 版。

彭晓主编：《云南民间传统艺术》，云南美术出版社 2008 年 12 月第 1 版。

渠岩：《青田范式：中国乡村复兴的文明路径》，上海三联书店 2021 年 6 月第 1 版。

王永健：《新时期以来中国艺术人类学的知识谱系研究》，中国文联出版社 2017 年 6 月第 1 版。

王永健：《走进艺术人类学》，北京时代华文书局 2018 年 5 月第 1 版。

王立刚：《读书传家继世长——何溥与何氏家风》，大象出版社 2016 年 12 月第 1 版。

万俊人：《寻求普世伦理》，北京大学出版社 2009 年 6 月第 1 版。

徐勇主编，邓大才等著：《反贫困在行动：中国农村扶贫调查与实践》，中国社会科学出版社 2015 年 6 月第 1 版。

向勇：《文化的流向——发展文化产业学论稿》，中国文联出版社 2016 年 10 月第 1 版。

谢太平：《影像传播与社火文化的变迁：一个西北村庄的民族志研究》，中国广播影视出版社 2017 年 4 月第 1 版。

晏阳初：《平民教育与乡村建设运动》，商务印书馆 2014 年 4 月第 1 版。

阎海军：《崖边 2：艺术里的村庄》，广西师范大学出版社 2021 年 12 月第 1 版。

周星、于惠芳主编：《民间社会的组织主体与价值表述》，北京大学出版社 2010 年 11 月第 1 版。

赵斌、俞梅芳：《江浙地区艺术介入乡村振兴路径选择与对策研究》，中国纺织出版社 2021 年 12 月第 1 版。

张颖、彭兆荣：《丹砂庇佑：龙潭古寨乡土景观绘本民族志》，中国社会科学出版社 2021 年 5 月第 1 版。

二　中译著作

［美］哈里·F. 沃尔科特（Harry F. Wolcott），《田野工作的艺术》，马近远译，董轩校，重庆大学出版社 2011 年 9 月第 1 版。

［英］吉布森：《结构主义与教育》，石伟平等译，五南图书出版有限公司1995年版。

［英］罗伯特·莱顿：《艺术人类学》，李修建译，文化艺术出版社2021年6月第1版。

后 记

　　乡村书院的价值在于重新把乡村优秀传统文化精神激活，如国学培养、人文环境塑造、手工艺的扶植培训、家风和村风的改善等。一所书院可能是简陋而微小的，但它在乡村文化振兴中所产生的影响力将是巨大而长远的。

　　在大家的共同努力之下，云南师范大学文化扶贫工作得到了州、县、乡几级政府的认可与赞扬。大家一致认为：云师大云岫书院的文化扶贫工作充分发挥了文化教育部门帮扶的优势特长，是亮点工程，也在群众中有很好的影响。

　　本书收集的绘画、诗歌、散文以及诸多绘画作品是我在扶贫行政工作之余创作的，应该说这些作品内容和我创设的书院是一个整体，它体现着我对于本地扶贫工作的感受、思考与实践。目前精准扶贫工作已圆满收官，已进入乡村振兴阶段，乡村振兴战略总要求是产业兴旺、生态宜居、乡风文明、治理有效、生活富裕。因此，文化扶贫对于提升劳动力内生动力，对于乡风文明的改善，甚至对于产业兴旺都有重要的作用，希望我的文化扶贫实践既是个人工作总结又可以对正在进行的乡村振兴工作有所衔接和借鉴。

　　最后要感谢云南师范大学蒋永文、蔡金红、郝淑美等校领导的大力支持；感谢校扶贫办、科研处、教务处、美术学院等学校部门的积极关注和支持；感谢德宏州州县乡各级政府的认可与配合；感谢我的同窗好友以及社会爱心人士寄来的文化扶贫物资，尤其感谢云南龙润茶叶集团和湖南省长沙市雨花区虹德精工机械有限公司对于书院发展的关注；感谢我的博士同学王永健从艺术人类学的学术视角给我写了精彩序言；感谢两年来朝夕相处共同战斗的扶贫队员们；当然还要感谢我的家人，父母给书院寄来爱心款，妻子一人在昆明照顾儿子很辛苦，如没有他们的全力支持，我也很难踏下心来成就这项事业。

祝福乡村尽快得到全面振兴，祝福我们的国家日益强盛，祝福世界和谐美好！

杨江波
2021 年 5 月 26 日写于昆明